Hervé CAUDRON
Agrégé de Philosophie
Professeur d'I.U.F.M.

— Concours —
de professeur d'école

EPREUVE ORALE D'ENTRETIEN 1ERE PARTIE

100 confusions à éviter

2ème édition

Editions TEMPES
BP 13,
89700 TONNERRE

© SARL **TE.M.P.E.S.** – BP 13 - 89700 TONNERRE
Tél. 03.27.99.04.17 - FAX. 03.27.96.07.58

ISBN N° 2-904316-69-8
Dépôt légal, Bibliothèque Nationale : 3ème trim. 2007.

□ Sommaire.

p **NOTIONS**
Confusions fréquentes :

p NOTIONS
Confusions fréquentes :

I. ABSTRACTION

1. L'ACTION d'abstraire et son RESULTAT.

Le mot abstraction désigne à la fois **l'action de séparer**, d'**isoler** certains aspects de la réalité, et le **résultat** de cette action.

□ **Exemple.**
En maternelle, des enfants classent des objets de forme, de taille et de couleur différentes. Ils peuvent, en considérant ***seulement*** *la forme, réunir par exemple tous les objets qui ont une forme carrée. Faire abstraction signifie dans ce cas :*
- ***négliger*** *la taille et la couleur ;*
- ***isoler*** *un aspect de la réalité (la forme) ;*
- rapprocher, du point de vue de la forme, ce que plusieurs objets ont ***en commun malgré leurs différences*** *(la forme carrée est abstraite).*

2. Différents NIVEAUX d'abstraction.

Contrairement à une idée reçue, l'abstraction est donc nécessaire dès les premiers apprentissages. Un enfant, par exemple, ne peut apprendre à parler sans **rapprocher** les caractères **communs** à certains objets ou à certaines situations, et **désignés** par des mots (les « arbres », le « bain », etc.).
[Sur cette question, voir J. BRUNER et B.M. BARTH].

Mais l'abstraction est souvent confondue avec la **formalisation** - qui ne représente pourtant que son **niveau le plus élevé** - c'est-à-dire avec la capacité de penser et de raisonner **indépendamment de toute référence à un contenu concret**.

□ **Exemple.**
Envisageons ces trois situations différentes :
1) Un enfant de 5 ans rapproche des réglettes de ***même*** *longueur* ***malgré*** *leur orientation* ***différente*** *(horizontale, verticale, oblique). Dans ce cas, abstraire signifie isoler* ***un aspect*** *de la réalité que l'on peut* ***percevoir.***

2) Un enfant de 7 ans admet que les ***transvasements successifs*** *d'une quantité d'eau, ne* ***modifient pas*** *cette quantité. Ici l'enfant se réfère encore à ce qu'il peut voir et manipuler - il voit que le niveau est* ***moins haut*** *lorsque la base du récipient est* ***plus large*** *- mais l'****invariance*** *de la quantité n'est pas visible. Abstraire signifie se détacher de la réalité sensible, penser* ***contre les apparences.***

3) Un adolescent ***raisonne logiquement*** *indépendamment de tout* ***support concret****, réel ou imaginé (<u>exemple</u> : si a < b et b < c, alors a < c). Dans ce cas, abstraire signifie penser et raisonner* ***formellement*** *[cf. PIAGET].*

3. Le mot, les exemples, le CONCEPT.

Qu'est-ce qu'une phrase ? Un verbe ? Un groupe nominal ? Qu'est-ce qu'un nombre ? Une fraction ? Qu'est-ce qu'une démocratie ? Autant de concepts abstraits, au coeur des savoirs scolaires. Qu'est-ce donc qu'un **concept** ? Prenons l'exemple du losange. Nous pouvons **distinguer** :

- le **mot** qui ne fait que désigner le concept ;
- le **concept** lui-même (les **attributs** ou les caractéristiques communes à certaines figures géométriques) ;
- l'**ensemble** des figures qui peuvent présenter ces caractéristiques ;
- un ou plusieurs **exemples** permettant de représenter le concept.

4. Des concepts HIERARCHISES.

Il faut, par exemple, pour définir mathématiquement le concept de losange, faire appel à d'autres concepts qu'on peut hiérarchiser selon leur niveau d'abstraction.

□ **<u>Exemple</u>.**

Mot	Définition	Exemple
Polygone	Figure géométrique formée d'une ligne **brisée et fermée.**	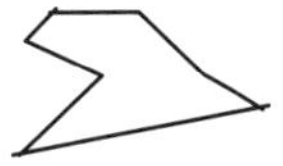

Mot	Définition	Exemple
Quadrilatère	Polygone à **4 côtés.**	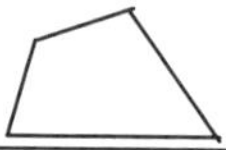
Parallélo-gramme	Quadrilatère dont les côtés opposés sont **parallèles** et de **même** longueur.	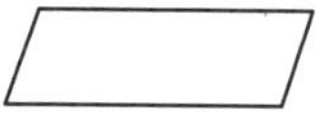
Losange	Parallélogramme dont les côtés ont la **même** longueur.	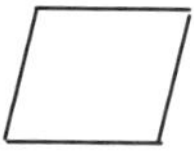

Ainsi, il convient de **relativiser** l'opposition entre l'abstrait et le concret. « Partir du concret » signifie parfois se référer à un niveau **moins élevé** d'abstraction, alors que le langage courant voudrait que le concret représente obligatoirement une réalité singulière.

> □ **Exemple.**
> *Dans une classe de CM, l'enseignant explique ce qu'est la digestion en faisant appel aux notions d'**aliment** et de **transformation** des aliments. Ces notions sont pourtant abstraites. En **figurant** le trajet des aliments, un **schéma** représentant les différents organes de la digestion (les glandes salivaires, la bouche, l'oesophage, l'estomac...) offrira une **médiation** entre l'abstrait et le concret.*

5. Une TRAME conceptuelle.

Les concepts ne sont pas isolés mais organisés : ils constituent une **trame**, un ensemble de **relations.**

> □ **Exemple.**
> *Le concept de **démocratie**, autour duquel peut **s'organiser** un enseignement ayant pour objectif l'éducation à la citoyenneté, est en étroite relation avec les concepts d'**égalité**, de **liberté**, d'**élection**, de **suffrage universel**, de **majorité**, d'**information**, de **contrôle**...*

6. Représentation, notion, concept.

Pour donner du **sens** aux situations que nous vivons, nous avons besoin de **représentations**

qui sont, d'une manière générale, des **substituts** de la réalité *(exemples : la représentation que l'élève se fait d'une tâche* ***avant*** *de la réaliser ; ou la représentation de telle* ***catégorie*** *d'objets, en l'****absence*** *des objets eux-mêmes...)*
Les connaissances (vraies ou fausses) **font partie** de ces représentations. Elles peuvent être **intuitives** et adaptées à l'expérience familière, ou **construites** avec méthode.

☑ Voir **"CONNAISSANCE"**.

Distinguons par conséquent de ce point de vue :
- une conception (ou une **notion**) en rapport avec l'action et l'expérience **courantes** *(exemple : la notion de force liée à la sensation musculaire);*
- un **concept** savant ou scolaire, produit par un travail de **recherche** *(exemple : le concept de force en physique);*

7. Des niveaux de CONCEPTUALISATION.

L'enseignant imagine parfois que l'apprentissage se fait de manière **linéaire**, en allant d'une idée simple et parfaitement claire à une autre idée claire mais un peu plus complexe. C'est confondre :
- un ordre possible d'**exposition** des connaissances (lorsqu'elles sont bien maîtrisées) ;
- l'ordre **réel** d'**appropriation** de ces connaissances.

Les grandes catégories qui structurent notre pensée sont acquises dans une démarche **spiralaire**, avec des **approximations** et des **remaniements**, en revenant sur ce que nous savons **déjà.**

□ **Exemple.**
Le concept de démocratie peut être appréhendé dans des ***registres*** *différents, à des* ***niveaux*** *différents de conceptualisation.*
1) Un élève de CP pourra comprendre que c'est une ***manière de vivre ensemble****, en choisissant « le chef » pour un temps déterminé.*
2) Un élève de CM pourra comprendre que c'est une forme de gouvernement où la ***souveraineté*** *(le pouvoir ultime de décision) appartient à l'ensemble des citoyens.*

8. Le rôle des EXEMPLES.

Chacun sait la nécessité de se référer au concret pour faire comprendre l'abstrait. Mais quelle place faire aux exemples ? Deux démarches sont possibles :

- L'une, **déductive** (allant du général au particulier), explique le concept ou la règle, et s'assure de la compréhension des élèves en proposant quelques exemples **illustrant** l'idèe générale.

- L'autre, **inductive** (allant du particulier au général), propose aux élèves des objets ou des situations, à partir desquels le concept ou la règle pourront être **construits**.

L'exemple peut donc **suivre** ou **précéder** l'idée générale et abstraite.

□ **Exemple**. ***Construction d'un concept (démarche inductive)***.
*Pour comprendre, en grammaire, ce qu'est un « déterminant », des élèves de CM écrivent des phrases dans lesquelles ils peuvent isoler un **groupe nominal** (ensemble des mots construits autour d'un nom : « nous avons cueilli **des cerises** » ; « **mon vieux chien** est malade »...).*
*A partir d'une très grande variété de phrases, ils observent des « petits mots » (articles, adjectifs possessifs, adjectifs démonstratifs) ayant des **caractères communs** malgré leurs différences :*
*- ils précèdent le nom (« **mon** vieux chien » ; « **des** cerises ») ;*
*- ils s'accordent avec le nom (**les** voitures ; **une** femme) ;*
*- ils ne peuvent être supprimés sans rendre la phrase **incorrecte** (« Nous avons cueilli ... cerises »).*
*Le concept de « déterminant » est **construit.***

Pourquoi favoriser cette démarche de construction des savoirs ? Parce qu'elle permet à l'élève de ne **pas confondre le concept et les exemples.**
Les exemples, en effet, sont nécessairement **particuliers**, et présentent de ce fait des caractéristiques **inessentielles** au regard du concept. Comment l'élève peut-il distinguer l'essentiel de l'inessentiel ? En construisant

lui-même le concept, donc en observant des objets (ou des situations) **très différents**, pour distinguer :

- les caractéristiques communes (**essentielles**) ;
- les particularités **inessentielles**.

☐ **Exemple.**

Figure 1 **Figure 2** **Figure 3**

A partir de ces figures différentes, l'élève peut construire le concept de rectangle ***en faisant abstraction*** *de la longueur et de l'orientation dans l'espace. Mais, si l'enseignant ne représente au tableau que des rectangles proches de la figure 1, l'élève reconnaîtra très difficilement un rectangle dans les figures 2 et 3. Le savoir, appris dans un contexte particulier, ne pourra être décontextualisé : l'élève restera* ***mentalement prisonnier des exemples.***

9. A retenir.

Pour comprendre ce qu'est l'abstraction.

. Elle est **relative** (« arbre » est plus abstrait que « peuplier ») ;

. elle est paradoxalement plus « simple » que la réalité concrète, non pas au sens où elle serait facile à comprendre mais au sens où elle **ne représente pas toute la réalité** dans sa complexité (dans tous ses aspects). *Exemple : le schéma du fonctionnement d'une machine ne retient* ***que les éléments nécessaires*** *à sa compréhension ;*

. elle est **difficile** à construire, parce qu'elle demande de considérer **séparément** certains éléments de la réalité.

Dans la pratique.

. Aider les élèves à observer des caractéristiques communes **et** des différences ;

. ne pas les amener à **généraliser trop vite** (car ce serait confondre idée générale et exemples) mais proposer beaucoup d'exemples différents ;

. **utiliser** l'idée générale, une fois construite, pour **éclairer** des cas particuliers.

II. ACTIVITE

Qui a jamais cru qu'un élève puisse apprendre sans être actif ? Reste l'essentiel : donner un **contenu précis** à cette notion équivoque, montrer les ambiguïtés pour éviter des contresens.

1. Des AMBIGUITES.

A quoi **reconnaît**-on qu'un élève est actif ? Puisqu'agir, c'est **faire** - et non pas faire faire par d'autres ou regarder faire - on dira que l'élève actif est celui qui **travaille**. Or, on peut désigner par là un caractère, une manière **générale** de se comporter, ou un comportement **particulier**.
- *1er sens* : l'élève actif est opposé à l'élève paresseux ou résigné (sens général) ;
- *2ème sens* : l'élève actif est engagé dans une activité ici et maintenant.

Cette activité particulière ne correspond pas nécessairement à un **travail demandé** par l'enseignant. Si, par exemple, un élève dessine au lieu de faire ses exercices, ou s'il « occupe son temps » au lieu de travailler, il est pourtant bien, à sa manière, actif. L'activité **reconnue comme telle** correspond donc aux différentes **tâches** que l'élève doit effectuer.

La notion prend un **tout autre sens** lorsqu'elle s'inspire du courant dit « des pédagogies nouvelles ». Cette fois, **il ne suffit plus** que l'élève fasse le travail demandé pour qu'il soit actif. Lorsque ce travail prend la forme d'une **suite de tâches routinières** dont l'élève ne voit pas l'intérêt, l'activité n'est plus considérée comme authentique. Elle ne l'est que si l'élève :
- **s'engage** dans un travail dont il voit l'utilité ;
- prend des **initiatives** ;
- est amené à **réfléchir** et à **découvrir** lui-même (au moins en partie) ce qu'il ne connaît pas.

La notion d'activité fait donc ici le **procès** de « l'école traditionnelle ». Pour cela, elle se réfère à une conception **psychologique** de l'apprentissage : s'approprier un savoir nouveau est une **activité difficile** qui conduit à surmonter un **obstacle**.

V Voir "APPRENTISSAGE ".

2. L'ACTE D'APPRENDRE.

Si l'enseignant demande à l'élève de réaliser une tâche *(exemples : résumer un texte, mesurer des longueurs, etc.)* ce n'est pas, bien entendu, pour la tâche elle-même, mais parce qu'elle donne **l'occasion, à travers** les activités déployées, de s'approprier progressivement un nouveau savoir, ou de conforter le savoir acquis.
Pour être pleinement « actif », l'élève devrait donc tout à la fois :
- **s'impliquer** dans le travail demandé en se représentant le but poursuivi ;
- **ajuster** régulièrement son action en tenant compte de l'écart entre résultat provisoire et intention ;
- **comprendre** en quoi les efforts consentis sont d'abord une occasion d'apprendre, de construire ou d'améliorer telle ou telle compétence (voir petit lexique).

3. SIGNES EXTERIEURS D'ACTIVITE et ACTIVITE INTELLECTUELLE.

Ne confondons pas, par conséquent, les **signes extérieurs,** apparents, de l'activité, et l'activité intellectuelle. Un élève peut avoir une activité motrice, matérielle (découper, coller, copier...) et ne faire qu'un travail machinal.

Cette analyse nous conduit à distinguer :
- la forme concrète, **matérielle,** de l'action (qui consiste à modifier ou à transformer quelque chose) ;
- l'**activité intellectuelle** (l'effort de compréhension, d'interprétation, etc.).

□ **Exemple (emprunté à PIAGET) :**
Un enfant de 7 ans a devant lui, sur une table, une douzaine de jetons. ***En manipulant*** *ces*

jetons pour former successivement différentes configurations, il ***comprend*** *:*
- que son action est ***réversible*** *(il peut refaire ce qu'il a défait) ;*
- que le nombre de jetons est par conséquent ***indépendant*** *de ces modifications successives (c'est un invariant).*
Cette action ainsi ***comprise****, et liée à des objets réels, est ce que PIAGET nomme «* ***opération concrète*** *».*

4. Différents NIVEAUX d'activité.

Une activité peut donc être **plus ou moins observable**. Du plus observable au moins observable, il convient de distinguer différents niveaux d'activité :

□ **Exemple.**
Un élève écoute une leçon. On peut reconnaître à différents ***signes*** *que son écoute est attentive. Mais les stratégies utilisées pour comprendre ce qui est dit, et d'une manière générale les* ***processus mentaux*** *mis en oeuvre pour s'approprier un savoir nouveau, ne sont* ***pas directement observables****. C'est pourquoi l'écoute ne devrait pas être considérée systématiquement comme l'exemple même de l'inactivité.*

Au coeur des activités concrètes dans lesquelles les élèves sont engagés (écouter, répondre à une question, faire un exercice, résoudre un problème...) il est important d'identifier l'**opération mentale** qui est effectuée.

□ **Exemples.** ***Des exemples d'opérations mentales :***
- comparer (discerner des différences et établir des ressemblances) ;
- classer (en fonction d'un critère) ;
- sérier (disposer selon un ordre) ;
- coder et décoder ;
- identifier (un son, une forme...) ;
- analyser (décomposer) ;
- faire une synthèse (recomposer) ;
- varier ;
- établir des relations.

5. Différents TYPES d'activité.

Il ne faut pas seulement distinguer des niveaux d'activité mais également des types différents d'activité. Ainsi, ce qu'on appelle couramment « écrire », peut signifier : calligraphier (former de « belles lettres »), copier ce qui est écrit au tableau, écrire une petite histoire...

Distinguons :

- les activités **scolaires** et les activités **annexes**, plus ou moins clandestines (activités occupationnelles) ;
- les activités **routinières** et les activités **nouvelles** ;
- les activités **fragmentées** et les activités **continues,** étalées dans le temps ;
- les activités **imposées** et les activités **volontaires ;** ou encore les activités **dénuées de sens** pour l'élève et les activités organisées en fonction d'une **intention**, voire d'un projet ;
- les activités **dirigées,** semi-dirigées, ou **autonomes ;**
- les activités « **fermées** » (il n'y a qu'une seule manière de faire) et les activités **« ouvertes »** (permettant d'explorer plusieurs possibilités) ;
- les activités **individuelles** et les activités **collectives**.

6. Petit LEXIQUE.

Tâche :
- ce qui est demandé ou ce à quoi l'élève s'engage (réalisation concrète) ;
- occasion de déployer des activités diverses (matérielles et intellectuelles).

Objectif :
- le bénéfice attendu du point de vue de l'apprentissage.

Activité :
- ce que l'élève fait pour réaliser la tâche.

Activité intellectuelle :
- se décline en opérations mentales particulières (sélectionner, analyser, relier, etc.).

Pour plus d'informations, se reporter à l'ouvrage du même auteur, complémentaire à celui-ci, *« 40 questions-réponses »*.

III. AGRESSIVITE (et VIOLENCE) à l'école

1. Agressivité et VIOLENCE.

Phénomènes souvent confondus, l'**agressivité** et la **violence** ne sont pourtant pas du même ordre.

Contrairement à la violence, l'agressivité n'est **pas spécifiquement humaine.** Cette notion peut se définir sur plusieurs plans :

- plan **moral :** un comportement **hostile** envers une autre personne ;

- plan **psychologique :** un comportement en **réponse** à une stimulation, comme la peur, une situation de compétition...

- plan **biologique :** une **pulsion** nécessaire à la survie de l'individu ou de l'espèce.

□ **Exemple.**

Un élève « répond » trop vivement à l'enseignant, à la suite d'une remarque qu'il considère comme injuste: c'est une ***réaction*** *agressive. Mais s'il provoque l'enseignant, cherche à l'intimider, voire à l'humilier, et crée une situation de conflit, c'est alors un acte de violence.*

On voit que la violence se caractérise d'abord par la ***transgression délibérée*** *des règles communes et la* ***préméditation.*** *C'est un acte qui poursuit un but, escompte un bénéfice ; par exemple, outre l'enrichissement facile, le racket organisé peut avoir pour but de :*
- satisfaire un besoin de vengeance,
- montrer sa supériorité,
- trouver plaisir à faire souffrir, à faire peur, à humilier...

2. Agressivité et AGRESSION.

Distinguons aussi agressivité et **agression**.
Une agression est une **interaction** que l'on peut observer entre élèves ou entre élève et enseignant
La notion d'agressivité laisse supposer une **prédisposition** à l'agression et l'usage

veut qu'on l'utilise pour mentionner des agressions répétées (tel élève serait « agressif »).

3. Agressivité et MORALE.

Sur un plan **moral**, l'agressivité signifie le **non-respect de l'autre.** De ce point de vue, on peut distinguer trois types de comportements :

- la **soumission** (l'élève ne sait pas se défendre ; il accepte facilement d'être lésé et cède rapidement dans les situations de compétition) ;
- l'**agressivité** (l'élève s'affirme de façon hostile, négative, sans reconnaître les droits de l'autre - qu'il veut dominer ou manipuler) ;
- l'**assertivité** (l'élève sait s'affirmer et se défendre ; il sait dire non, exprimer ses préférences, mais tout cela sans chercher à nuire aux autres).

4. Le ROLE de L'ENSEIGNANT.

Le rôle de l'enseignant est d'amener l'élève agressif à devenir « assertif » (adjectif construit à partir du terme assertion = affirmation).
Il est aussi d'amener l'élève soumis à savoir se défendre.

- **De l'agressivité vers l'assertivité :** apprendre à exprimer **autrement** son agressivité, de manière réglée, ludique, symbolique.
- **De la soumission vers l'assertivité :** apprendre à s'exprimer, à ne pas céder sans compétition, à prendre des initiatives...

> □ **Exemple.** ***Comment agir ?***
> *En maternelle, par exemple, l'enseignant pourra avoir comme* ***objectif*** *avec les enfants :*
> *- de les aider à mieux* ***contrôler*** *leurs gestes ;*
> *- de les aider à mieux* ***verbaliser*** *leurs émotions, leurs sentiments ;*
> *- de les aider à mieux* ***prendre conscience*** *des effets de l'agressivité.*
> *Il utilisera l'E.P.S. où l'agressivité peut s'exprimer de manière réglée et ludique (jeux d'opposition), la littérature enfantine, les comptines, le jeu de rôles (où l'agressivité peut être jouée, représentée et mise à distance).*

5. DESTINATION de l'agressivité.

Il importe de distinguer l'agressivité dirigée vers un élève ou un groupe, et l'agressivité dirigée **vers l'enseignant** (insultes, agressivité mimée, provocation, refus d'obéir...).
Cette forme d'agressivité, à laquelle le maître peut parfois répondre sans savoir contrôler sa propre agressivité (rejet, ironie blessante...) est toujours aussi d'ordre symbolique (par le refus des **valeurs** que le maître représente).

□ **Exemple.** ***Formes d'agressivité.***
*Pour observer l'évolution de l'élève, l'enseignant doit pouvoir **reconnaître** les **différentes** formes d'agressivité, mais aussi de **réponse** à l'agression.*

. *Différentes formes d'agressivité :*
*- l'agressivité **physique** ;*
*- l'agressivité **verbale** ;*
*- l'agressivité mimée ou **symbolique** (exemple : le rejet) ;*
*- l'agressivité **détournée** (exemple : s'en prendre à un plus faible) ;*
*- l'agressivité développée dans l'**imaginaire** (fiction, dessin).*

. *Différentes formes de réponse à l'agression : la soumission, la plainte, l'appel à l'aide, la résistance ; la contre-agression proportionnée au préjudice subi ou disproportionnée.*

6. FACTEURS d'agressivité.

L'enseignant pourra agir sur certains **facteurs** favorisant l'agressivité :
- les conditions **matérielles** (bruit, chaleur, espace restreint, surnombre...) ;
- les conditions **psychologiques** (peur, souffrance, fatigue, rivalité ...) ;
- les conditions **pédagogiques** (autoritarisme ou laisser-faire ...).

7. La VIOLENCE A L'ECOLE.

Soulignons d'abord qu'il y a des **types de violence** (violence entre élèves ; entre enseignant et élèves ; mais aussi violence de la rue ou du quartier et se poursuivant jusque dans l'école ; ou encore « violence de l' école », pour des élèves dévalorisés par un échec grave et sans espoir…).

Les causes sont complexes, **à la fois externes et internes à l'école :**
- **externes** (chômage, familles à la dérive, intrusion de la violence extérieure, banalisation de la violence télévisuelle...) ;
- **internes** (dévalorisation d'élèves en échec, pédagogie peu adaptée, manque d'éducation civique...).

Que faire ? L'enseignant ne peut ni agir seul, ni agir dans une seule direction. L'essentiel est sans doute de **donner du sens** au travail et à la discipline.

La lutte contre la violence scolaire doit prendre néanmoins des formes très différentes, selon qu'il s'agit :
- d'une véritable **délinquance** importée à l'école, appelant des mesures de répression en même temps que de prévention (un partenariat entre police, justice et école, en particulier) ;
- d'une violence générée par l'**échec scolaire** (le travail des équipes pédagogiques, et le partcnariat entre école et familles apparaissent ici essentiels).
- d'une violence reflétant – à travers les « **incivilités** » – des évolutions sociales (l'éducation civique, dans ce cas, a un rôle à jouer, sans pouvoir résoudre, à elle seule, tous les problèmes).

☑ **Voir "40 QUESTIONS-REPONSES".**

IV. AIDE

1. Une notion COMPLEXE.

Ni simple ni univoque, et au centre de toute réflexion sur les apprentissages, la notion d'aide appelle une analyse pour dissiper des malentendus possibles.

En premier lieu, l'**aide** et l'**entraide** recouvrent des réalités différentes.

Ensuite la **relation** d'aide, qui suppose l'intervention d'un **plus expert** auprès d'un moins expert ou d'un novice, prend des **formes** multiples et s'effectue à des **degrés** divers.

Enfin, puisque le maître ne peut se substituer à l'élève et apprendre à sa place, l'aide est **constitutive** de l'acte même d'enseigner ; mais elle peut **aussi** :
- favoriser l'apprentissage systématique dc compétences dites « transversales » : c'est l'aide **méthodologique** ;
- se réaliser dans le cadre d'interventions auprès d'élèves en grande difficulté : c'est l'aide **spécialisée.**

2. AIDE et ENTRAIDE.

Les apprentissages de l'enfant nécessitent de nombreuses **interactions** sociales, où l'adulte en particulier joue un rôle essentiel de **soutien** et de **guide**. Distinguons :
- l'aide : relation **asymétrique**, où l'un, plus compétent, veut **faciliter** l'apprentissage de celui qui l'est moins;
- l'entraide : relation **symétrique** où chacun apporte son **concours** pour atteindre un **objectif commun.**

3. Deux types d'aide INUTILE.

Cette première distinction effectuée, reste à mieux cerner la relation d'aide qui apparaît ambiguë. Elle oscille en effet entre **deux pôles** extrêmes où elle disparaît :

- **1er pôle** : **s'abstenir** de toute intervention ;
- **2ème pôle : se substituer** à celui qui apprend, trouver pour lui la solution du problème qu'il veut résoudre, ou l'orienter trop vite vers cette solution.

Entre ces deux pôles, l'aide **véritable** consiste donc à **intervenir**, sans pourtant se substituer à l'apprenant, et avec l'objectif de rendre à terme cette intervention inutile. Elle prend la forme d'un **étayage provisoire** (voir petit lexique proposé plus loin).

Cette analyse conduit à distinguer deux types d'aide inutile :
- lorsque l'élève **peut se passer** de l'enseignant : l'aide n'est **pas nécessaire**, et savoir s'abstenir est essentiel ;
- lorsque l'élève **ne peut profiter** d'aucune aide, l'apprentissage se situant au-delà de ses possibilités : cette fois l'aide est **inefficace.**
Ainsi, pour être utile, l'intervention doit s'effectuer dans la « zone » des apprentissages possibles avec l'aide d'un plus expert, c'est-à-dire là où elle est **à la fois nécessaire et efficace**.

□ **Exemple.**

Comment le jeune enfant apprend-il à parler ?

*1) L'adulte **adapte** son langage aux possibilités de compréhension de l'enfant, par l'intonation, les répétitions, la référence au contexte immédiat, le rythme d'élocution... En même temps, il **encourage** l'enfant à s'exprimer, et le **sollicite** en valorisant ses initiatives, en prenant en considération ce qu'il dit.*

*2) Dans cette relation, l'enfant est un partenaire **actif - manifestant** par exemple qu'il ne comprend pas l'adulte ou que l'adulte ne le comprend pas - et l'aide apparaît bien comme une **interaction sociale** où chacun agit **en fonction de l'autre** : elle ne serait pas possible sans ces **ajustements réciproques**.*

*3) L'adulte, loin de parler comme l'enfant, permet au contraire à celui-ci d'utiliser un langage qui n'est **pas spontanément** le sien, mais le sera ultérieurement.*

4. Différentes FORMES et différents NIVEAUX d'intervention.

L'aide ordinaire, multiple et variée, se décline au pluriel. Si elle semble parfois ponctuelle, elle s'inscrit le plus souvent dans un **processus** où se succèdent différentes **formes** d'intervention, à des **niveaux** différents.

□ **Exemple.**
L'enseignant veut aider ses élèves à résoudre un problème, dans un travail de groupe. Il peut, par exemple, ***reformuler*** *la consigne, donner une information* ***supplémentaire, réorienter l'attention*** *sur ce qui est essentiel, ou simplement favoriser la* ***formulation*** *de ce que les élèves ont trouvé et la* ***validation*** *de la solution proposée.*

4.1 Formes d'intervention :

- pour **un** ou **plusieurs** élèves (ayant les mêmes besoins) ;
- **orale** ou **écrite** *(exemples :* ***suggérer*** *une attitude,* ***indiquer*** *une piste à explorer, en conversant avec les élèves; ou formuler une consigne écrite donnant des indications relatives à la démarche à effectuer...) ;*
- **ponctuelle** ou **continue** *(exemple : en maternelle, l'enseignant peut estimer que sa présence et son aide sont nécessaires dans* ***un atelier****, et se contenter, pour les enfants qui travaillent dans d'autres ateliers, de formuler clairement ses consignes) ;*
- **matérielle** ou **morale** *(exemple : apporter, pour la réalisation d'un projet, tout le matériel nécessaire, ou rappeler l'intérêt du projet, encourager les initiatives, redonner confiance...).*

4.2 Niveaux d'intervention.

Selon le **degré de maîtrise** des élèves, et selon le **moment** dans le processus d'apprentissage, les interventions peuvent se faire à des niveaux différents (voir tableau d'*exemples de guidage, à des niveaux différents*, p. suivante).

AIDE

□ **Des exemples de guidage, à des niveaux différents :**

Guidage FORT	Guidage MOYEN	Guidage FAIBLE
- **suggérer** les solutions ou les réponses ; - **signaler** toutes les difficultés ; - proposer un **modèle** qu'il suffira d'**imiter** ; - **décomposer** la tâche, de telle sorte que l'élève puisse réussir chaque étape sans risque d'erreur.	- suggérer des **stratégies** ; - **orienter** l'attention ; - **rappeler** l'objectif ; - rappeler ce qui a **déjà** été fait ou compris ; - **apporter** des informations ; - favoriser la **compréhension** de la consigne ; - proposer des **critères** permettant à l'élève de **contrôler** et d'évaluer son travail en cours.	- permettre à l'élève d'**utiliser** ses connaissances et ses compétences ; - **s'assurer** que l'élève a les moyens de surmonter l'obstacle ; - **encourager** l'effort et l'initiative ; - faciliter la **formulation** et la **validation** de la solution proposée.

□ **Exemple.**

Une consigne écrite donne des indications plus ou moins fortes ***pour mener à bien*** *l'activité demandée.*

1) Exemple : 50 000 + 9 000 + 300 + 10 + 5 = ?
Aucune indication n'est donnée sur la ***procédure*** *à suivre.*

*2) Même problème, mais avec l'****indication*** *suivante : « vous utiliserez un tableau où figureront les unités, les dizaines, les centaines... ».*

3) Même problème, avec l'indication de la procédure et ***un exemple*** *(le modèle est donné).*

5. Aide ORDINAIRE et aide METHODOLOGIQUE.

• L'aide **ordinaire** accompagne et constitue pour une grande part l'acte même d'enseigner, comme nous venons de le voir. Ainsi, la pédagogie différenciée n'est rien d'autre qu'un effort pour **réguler le guidage**, pour l'ajuster - à chaque étape de l'apprentissage - aux **besoins** des élèves.

- L'aide **méthodologique** représente un effort particulier pour construire des compétences transversales.

☑ Voir **"COMPETENCE"**.

Exemples : bien lire les consignes ; savoir mémoriser l'essentiel ; savoir organiser son travail... Cette aide s'effectue dans le cadre des activités courantes ou pendant le temps des études dirigées.

> □ **Exemple.**
> *Aider l'élève à **mémoriser** ce qu'il apprend, c'est l'amener à s'engager dans une **démarche volontaire**, ayant pour but de **retenir** l'essentiel, de le **restituer**, et de le **réutiliser**. L'enseignant peut suggérer des moyens mnémotechniques, mais aussi - et surtout - une **mise en relation** des notions à apprendre, ou encore l'utilisation de croquis, de schémas... La mémorisation est d'autant plus efficace qu'elle s'appuie sur un effort de **compréhension**. Par exemple, pour aider l'élève à mémoriser ses tables d'addition, le maître fera observer :*
> *- qu'additionner 9 et quelque chose revient à ajouter une dizaine pour ensuite retirer une unité ;*
> *- qu'additionner 2 + 9 revient à additionner 9 + 2...*

L'aide méthodologique,ce n'est pas :	C'est au contraire :
- chercher à construire « **à vide** », hors de tout apprentissage disciplinaire, des capacités générales ;	- construire, à l'occasion d'activités disciplinaires, des compétences mobilisables dans des **contextes différents** ;

L'aide méthodologique,ce n'est pas :	**C'est au contraire :**
- **imposer** des méthodes de travail que l'élève n'aurait plus qu'à **appliquer** ;	- favoriser une **prise de conscience** de sa manière de procéder ; évaluer **avec lui** ce qui lui convient et ce qui ne lui convient pas, pour l'amener à **expérimenter** d'autres manières de faire ;
- surveiller et **contrôler** en permanence le travail de l'élève pour le rendre plus efficace.	- lui apprendre à organiser et à contrôler son travail, en lui permettant d'**anticiper** ce qu'il aura à faire.

6. Etudes dirigées, soutien, tutorat.

Evitons de confondre les études dirigées, le soutien et le tutorat.

6.1 Les **études dirigées** veulent apporter l'aide méthodologique et **individualisée** dont **tous les élèves** ont besoin *(exemple : apprendre à organiser son travail)*. Il ne s'agit pas de reprendre à l'identique le travail fait ordinairement en classe, mais d'**apprendre**, pendant le temps scolaire *(par exemple 30 minutes en fin de journée au cycle 3)*, à travailler de manière **autonome** *(exemples : apprendre à préparer un exposé ; à élaborer un projet ; à sélectionner des documents...)*.

6.2 Le **soutien**, sous la forme d'une aide suivie ou temporaire s'intégrant dans l'emploi du temps ordinaire, s'adresse à des **élèves en difficulté** *(exemple : après la leçon, le maître apporte des explications supplémentaires à un petit groupe d'élèves)*.

6.3 Le **tutorat** représente, à l'école élémentaire, une relation d'aide (pédagogique et éducative) qui peut être instaurée, sous la responsabilité de l'enseignant, entre deux élèves dont l'un est plus âgé et plus expérimenté ou plus expert.

7. L'aide SPECIALISEE.

Cette aide :

- a) **ne se substitue pas** à l'action de l'enseignant;
- b) s'adresse à des élèves en grande difficulté lorsque les aides ordinaires, mais aussi la pédagogie différenciée et le soutien, **n'ont pas apporté les résultats escomptés ;**
- c) est assurée par les membres d'un « **réseau** d'aides spécialisées » comprenant :
  . un psychologue scolaire ;
  . des rééducateurs (dits « maîtres G ») ;
  . un enseignant spécialisé (dit « maître E »).
- d) s'effectue **en collaboration** avec l'enseignant, la famille et bien entendu l'élève lui-même, lorsqu'une **demande de passage** d'un membre du réseau a conduit à une **prise en charge** de l'élève, après élaboration d'un **projet individualisé ;**
- e) peut être :
  . à **dominante pédagogique**, c'est-à-dire centrée sur les apprentissages **scolaires**, et organisée soit dans la classe, soit sous forme de regroupements, soit dans une classe d'adaptation (avec le maître E) ;
  . **à dominante rééducative**, c'est-à-dire centrée sur l'enfant et l'ajustement de ses **conduites**, la restauration d'une bonne image de lui-même... (avec les maîtres G et le psychologue scolaire).

□ **Exemple.**
*Un enfant de 5 ans est isolé, craintif, passif, incapable de s'intéresser aux activités proposées. Son attitude de **retrait** s'est accentuée, et l'enfant présente un aspect **figé**. La demande de passage du réseau d'aides spécialisées, et l'observation approfondie de l'enfant, permettront d'envisager l'intervention d'un psychologue scolaire et d'un rééducateur.*

Evitons aussi de confondre :
- la « demande de passage du réseau d'aides » et la « saisine » d'une commission spécialisée (C.C.P.E. ou C.D.E.S.) car ce sont deux démarches fort différentes, effectuées pour des élèves dont les besoins ne sont pas du même ordre. Une commission n'est saisie, en effet, que pour des enfants présentant un **handicap**,

ou lorsque les aides spécialisées **n'ont pas permis** de remédier à un échec avéré.

☑ Voir "ECHEC".

□ Tableau récapitulatif.

Nature des aides	Elèves concernés	Objectif
Aides ordinaires, constitutives de l'acte même d'enseigner.	Tous les élèves.	Faciliter l'apprentissage.
Pédagogie différenciée.	Tous les élèves.	Prendre en compte des besoins particuliers.
Aide méthodo-logique.	Tous les élèves.	Construire des compétences transversales et favoriser le travail autonome.
Soutien.	Dcs élèves en difficulté.	Prévenir l'échec.
Aides spécialisées	Des élèves en très grande difficulté (lorsque pédagogie différenciée et soutien ne suffisent pas).	Prévenir l'échec et l'orientation dans les structures spécialisées.
Structures spécialisées	Des élèves handicapés ou en échec lourd (lorsque les aides spécialisées ne suffisent pas)	Proposer un autre type d'enseignement, en tenant compte du handicap ou d'un échec scolaire avéré.

8. Petit LEXIQUE autour de la notion d'aide.

8.1 « Zone proximale de développement » (VYGOTSKI) : représente ce que l'enfant saura faire seul dans un proche avenir. L'intérêt de ce concept est d'**orienter** le travail du pédagogue non pas uniquement en fonction du passé - en tenant compte des fonctions **arrivées à maturité** - mais aussi et davantage en fonction de l'avenir, en déclenchant le développement proche par des **apprentissages** adaptés. Autre intérêt : considérer que les **différences** entre élèves ne portent pas nécessairement sur des acquis, mais peuvent tenir à leurs marges de progression.

8.2 « Interaction de tutelle » (VYGOTSKI et BRUNER) : ajustements réciproques entre celui qui aide et celui qui est aidé (ce qui suppose des différences à la fois dans les **compétences** et dans le **but** poursuivi, puisque l'un veut **faire apprendre** et l'autre veut **apprendre**).

8.3 « Etayage » (BRUNER) :
ensemble des interventions provisoires qui visent à soutenir et à guider celui qui apprend, en permettant :

- la compréhension du but poursuivi ;
- la simplification de la tâche ;
- la poursuite de l'objectif et le maintien de l'attention ;
- la prise de conscience de l'écart entre l'intention et le résultat, tout en évitant une trop grande frustration.

Pour plus d'informations, se reporter à l'ouvrage du même auteur, complémentaire à celui-ci, *« 40 questions-réponses »*.

V. APPRENTISSAGE

1. Enseignement et apprentissage.

L'ambiguïté du verbe « apprendre » est bien connue : il peut se référer à l'enseignement ou à l'apprentissage. L'enseignement désigne, **chez le maître**, l'effort **pour faire apprendre**, alors que l'apprentissage désigne, **chez l'élève**, l'effort **pour apprendre**, l'appropriation des savoirs. Ainsi, puisque l'élève apprend grâce à l'enseignement du maître, une situation de classe est en réalité une situation **d'enseignement-apprentissage.**

Or aujourd'hui - pour **discréditer le modèle** de l'enseignement « magistral » - il est fréquent d'**opposer** situation d'enseignement et situation d'apprentissage. Par « situation d'enseignement », on entend une situation caractérisée par l'**exposition** magistrale des savoirs, et par « situation d'apprentissage », une situation caractérisée par la **construction** des savoirs par l'élève.

Cette distinction est légitime, à condition :
- de **ne pas présupposer** qu'exposer des savoirs n'est jamais utile et **interdirait** d'apprendre ;
- de ne pas imaginer que les élèves construisent **seuls** les savoirs sans avoir besoin d'un enseignant.

Mais si l'on veut éviter les oppositions faciles qui dispensent de réfléchir, il est préférable de voir dans l'enseignement et l'apprentissage **les deux faces** des différentes situations de classe. S'il y a plusieurs manières d'enseigner, il y a aussi plusieurs manières d'apprendre pour l'élève.

☑ **Voir "METHODE ".**

Apprendre peut signifier :
- écouter et comprendre, retenir et appliquer...
- s'exercer à effectuer des tâches dont la difficulté est graduée...
- chercher et entreprendre, faire des hypothèses, essayer différentes stratégies...

Retenons que l'apprenant doit **s'approprier** des savoirs, quelle que soit la méthode d'enseignement.

> □ **Exemple.**
> *Comment l'élève qui ne sait pas lire peut-il apprendre à lire ?*
> *En mobilisant quels savoirs déjà acquis ?*
> *En utilisant quels indices ?*
> *Avec quelles stratégies ?*
> *Cette problématique est centrée sur **l'apprentissage** et ne pose **pas d'abord** la question de la méthode d'enseignement.*

2. SAVOIR, SAVOIR-FAIRE, SAVOIR-ETRE.

Le terme « savoir » est lui-même ambigu.
Il convient de distinguer :

- Le **savoir** pouvant faire l'objet d'un énoncé, donc d'ordre **déclaratif** *(exemple : telle règle de grammaire).*

- Le savoir acquis dans l'exercice, engagé dans l'activité : c'est le **savoir-faire** *(exemple : savoir raisonner).* A noter que le savoir-faire n'est pas la simple application d'un savoir mais le résultat d'un apprentissage spécifique *(exemple : on peut savoir parler correctement sans connaître la grammaire).*

- Le **savoir-être** est lui aussi le résultat d'un apprentissage spécifique qui concerne les attitudes, les conduites *(exemple : celui qui ment ne manque pas d'habileté et sait très bien qu'il ne faut pas mentir).*

3. DESIR DE SAVOIR et VOLONTE D'APPRENDRE.

Ne confondons pas non plus **désir** de **savoir** et **volonté** d'**apprendre**.
Si les élèves désirent savoir ou savoir faire, ils **ne désirent pas spontanément apprendre.**
Car apprendre demande patience et efforts, ambition (pour croire qu'on pourra **réussir**) et modestie (pour accepter que ce sera **difficile**). Le rôle du maître est d'aider

à transformer ce désir de savoir en **volonté** d'apprendre (en expliquant que l'apprentissage est le **seul moyen** de parvenir à ses fins).

4. MODALITES d'apprentissage.

L'apprentissage est un processus complexe, aux multiples facettes. Il peut se développer par conditionnement, imitation, transmission magistrale ou livresque, effort de mémorisation, ou encore par des exercices systématiques, une recherche méthodique... C'est bien pourquoi les situations d'apprentissage doivent être diversifiées *(exemple : on ne peut tout apprendre par résolution de situations-problèmes, mais pas davantage par des exercices fragmentés uniquement).*

5. STRATEGIES d'apprentissage.

Le tâtonnement, par exemple, peut donner lieu à des **stratégies** différentes. Ainsi, pour apprendre à lire, tel élève **segmentera** le mot en unités dépourvues de signification ; tel autre **devinera** le mot sur la base d'une analyse visuelle partielle ; tel autre utilisera le **contexte** sémantique...
Là encore, cette diversité milite en faveur d'une différenciation pédagogique : aucun modèle d'apprentissage ne vaut pour tous.

6. NATURE DES SAVOIRS.

Les savoirs ne sont pas des objets que l'on puisse « transmettre ». A la différence de l'objet, le savoir est transformé en étant « assimilé », c'est-à-dire « **intégré** » à des savoirs déjà acquis ; en même temps, il contribue à **modifier** ces savoirs.

S'approprier un savoir nouveau suppose une **déstabilisation**. Celui qui apprend doit accepter de **changer**. De ce fait, l'élève peut avoir **peur d'apprendre**.

□ **Exemple.** *Comprendre que la notion d'étranger est relative oblige à remettre en cause de nombreux préjugés.*

APPRENTISSAGE

7. SITUATIONS d'apprentissage.

Cette déstabilisation ne suffit pas pour apprendre. Il faut aussi un **appui.** L'apprentissage se joue donc dans une **tension** entre ces deux pôles.

Le rôle de l'enseignant est de construire des **situations d'apprentissage** où l'élève aura à résoudre un **problème**, à surmonter un **obstacle.**

□ **Exemple.**

Des élèves savent additionner et écrire ***sans aide*** *5 + 4 = 9. La dizaine représente pour eux un obstacle à surmonter, car en comparant 19 et 21, ils doivent* ***faire abstraction*** *des chiffres des unités (9 et 1) et comparer les chiffres des dizaines (1 < 2). Le même chiffre (1) n'a donc* ***plus la même valeur*** *dans 19 et dans 21, ce qui conduit bien à une déstabilisation du savoir antérieur.*

En prenant appui sur ce que savent les élèves, le maître peut construire une situation d'apprentissage où, par exemple, ils auront à ***convertir obligatoirement*** *des gains en allumettes (obtenus en faisant rouler des dés) chaque fois qu'ils en auront obtenu une dizaine (10 allumettes sont échangées contre 1 bâtonnet). Le joueur qui a le plus de bâtonnets a nécessairement gagné,* ***quel que soit*** *le nombre d'allumettes obtenues à côté.*

On voit aussi, dans cet exemple, que l'apprentissage peut ***anticiper*** *sur le* ***développement*** *: sans être capable de procéder seul de manière opératoire (son « niveau de développement réel » selon l'expression de VYGOTSKI est celui d'une pensée intuitive) l'apprenant peut le faire avec l'aide d'un* ***étayage*** *: le dispositif didactique mis en place par le maître.*

La « zone proximale de développement » où peut s'effectuer l'apprentissage se situe entre ce que l'élève est capable de comprendre sans aide et ce qu'il est ***en mesure de comprendre*** *avec la* ***médiation*** *de l'enseignant.*

8. LE ROLE DU MAITRE.

Le rôle du maître est d'abord de bien identifier ce qu'il peut faire apprendre à son élève, autrement dit son **objectif.** Cet objectif peut être général ou se traduire en connaissances et compétences **précises**.

☑ Voir "OBJECTIF".

Le maître avec sa fonction de **tutelle** n'est pourtant pas le seul médiateur entre l'élève et le savoir. L'apprentissage s'effectue aussi dans la **confrontation** avec les autres élèves.

La relation aux **pairs** est importante dans l'apprentissage parce que l'élève aura moins tendance à renoncer sans **résistance.** Le conflit socio-cognitif suppose en effet que personne ne puisse **imposer** son point de vue (ce qui est rarement le cas dans la relation maître-élève où le moins expert se soumet au plus expert).

> □ **Exemple.** *Si un élève pense que certains objets flottent parce qu'ils sont légers, le fait de constater dans une situation d'apprentissage que des objets très lourds peuvent flotter et des objets très légers ne pas flotter (une épingle par exemple) l'amène à une situation de* ***conflit cognitif****. Mais si des élèves sont amenés à confronter des points de vue contradictoires, ce conflit est une situation dont ils peuvent profiter pour leur apprentissage, en l'****intério-risant*** *(conflit* ***socio-cognitif****).*

Si enseigner ne peut être qu'une aide à l'apprentissage (le maître **ne pouvant se substituer** à l'élève et apprendre à sa place), l'aide véritable doit aussi préparer les **conditions de sa propre disparition**.

☑ Voir "AUTONOMIE".

Le maître doit apprendre à l'élève à se passer progressivement de l'étayage (didactique, pédagogique et affectif) qu'il a mis en place.

Il importe que le savoir appris dans un contexte donné puisse être **réutilisé** en dehors de ce contexte (**décontextualisé**).

> □ **Exemple.** *L'élève a appris à respecter telle règle d'accord et ne fait plus d'erreur dans le cadre des exercices systématiques. Mais la même règle peut ne plus être respectée s'il est amené à rédiger librement un texte (favoriser cette décontextualisation ou ce* ***transfert de compétence*** *rend l'élève autonome).*

VI. AUTONOMIE

1. DEFINITION.

L'autonomie peut se définir comme capacité à se déterminer en toute **indépendance**, à faire des **choix.**

2. VOLONTE d'autonomie.

Appel à la conscience, à la réflexion, au contrôle, à l'initiative, à l'effort, l'autonomie de l'élève ne peut être imposée. Elle suppose une **volonté** d'agir au lieu de subir, un **refus de la facilité et de la passivité.**

3. Ensemble de COMPETENCES.

Comme ensemble de **compétences**, l'autonomie résulte à la fois d'un **développement** (affectif, social, moral, intellectuel, psychomoteur...) et d'un **apprentissage**. Elle se construit **progressivement** dans la relation au monde physique et social, et cette relation est **médiatisée** par la tutelle de l'adulte ou de l'enseignant, parfois aussi des aînés et des pairs.

4. TRADUCTION en OBJECTIFS.

Si l'autonomie est une **finalité** de l'éducation ou de l'apprentissage, il convient de la décliner en **objectifs** précis qui représentent des compétences évaluables.

□ **Exemple.** *Savoir utiliser un dictionnaire ; savoir lire un plan avec sa légende ; savoir corriger ses erreurs...*

5. Confusion à éviter.

La confusion vient du fait que l'autonomie se décline en attitudes, en conduites, en habitudes, en dispositions, etc., qui **se distribuent sur deux axes** différents :
- l'un concernant la relation élèves-maître (axe de l'**éducation**, de la formation de la personnalité) ;
- l'autre concernant la relation élèves-savoirs (axe de l'apprentissage, de l'autonomie dans la **construction des savoirs**).

Il ne **suffit pas,** par exemple, que des élèves **veuillent** travailler en groupe et qu'ils **puissent** le faire, pour qu'il y ait réellement autonomie dans l'apprentissage.

Cette autonomie suppose que le maître sache se mettre en retrait, mais aussi qu'il ait donné aux élèves les **moyens** d'apprendre sans son aide. Il faut qu'il ait construit une situation d'apprentissage (matériel ou documents **utilisables**, temps suffisant laissé pour la recherche ou le tâtonnement par exemple) et qu'il se soit **assuré** que les élèves ont les **outils conceptuels** pour comprendre et résoudre le problème posé.

6. CONDITIONS de l'autonomie.

Sur l'axe de la relation élèves-maître, l'autonomie concrète suppose **trois conditions** :
- la volonté chez l'élève de **se passer du maître** ;
- la volonté chez le maître d'**aider l'élève à se passer de lui** (en lui offrant un espace de liberté, la possibilité par exemple de circuler librement en classe pour aller consulter un dictionnaire, un fichier...) ;
- des **compétences** acquises.

□ **Tableau (des exemples).**

AUTONOMIE COMPORTEMENTS	**AUTONOMIE DANS LA RELATION ELEVES-MAITRE**	**AUTONOMIE DANS LA RELATION ELEVES-SAVOIRS**
ATTITUDES, CONDUITES	Savoir exprimer ses goûts, ses préférences, ses choix. Savoir exercer des respon-sabilités.	Etre curieux, imaginatif, inventif. Avoir un projet. Trouver plaisir à apprendre.
SAVOIR-FAIRE, HABITUDES	Prendre des initiatives (utiliser un dictionnaire, un fichier...).	Savoir procéder avec méthode. Savoir évaluer son travail. Savoir gérer son temps.

AUTONOMIE COMPORTEMENTS	AUTONOMIE DANS LA RELATION ELEVES-MAITRE	AUTONOMIE DANS LA RELATION ELEVES-SAVOIRS
CONDUITES D'ORDRE MORAL	Ne pas tricher. Etre fidèle à ses engage-ments. Assumer les conséquences de ses choix.	Savoir persévérer. Accepter les contraintes du travail.

□ **Exemple.** *Un élève peut être* ***capable*** *d'exprimer ses préférences, de faire des choix justifiés. C'est une compétence. Mais il peut aussi* ***vouloir*** *le faire (certains élèves, par peur ou timidité, resteront passifs). Enfin il peut aussi avoir le* ***droit*** *de le faire parce que le maître autorise, voire encourage, cette attitude.*

7. FORMES et DEGRES d'autonomie.

Sur le plan éducatif, il convient également de distinguer l'autonomie matérielle et **pratique** *(savoir ranger ses affaires sans aide, par exemple)*, l'autonomie **intellectuelle** *(savoir poser des questions, demander des précisions, etc...)* et l'autonomie **morale**. Celle-ci signifie que la règle a une **valeur en elle-même** et non pas uniquement dans la relation à l'adulte qui punit ou récompense, blâme ou encourage.

Distinguons encore :
- l'autonomie langagière ;
- l'autonomie affective ;
- l'autonomie spatio-temporelle ;
- l'autonomie dans l'organisation du travail.

Mais l'autonomie représente un **idéal régulateur**, qui oriente l'action éducative et pédagogique sans jamais être complètement ou définitivement atteint. Elle se réalise **par degrés**. C'est une conquête de soi-même, par la **médiation des autres**, et qui n'est jamais achevée.

☑ Voir "40 QUESTIONS-REPONSES".

VII. AUTORITE

1. DEFINITIONS.

L'étymologie (de *"auctor"*, celui qui fait croître) éclaire la signification de l'autorité : son **intention** est d'**élever**, de faire grandir l'élève. Elle n'est pas un moyen d'affirmer un pouvoir, de maintenir l'élève sous tutelle, mais au contraire de **construire son autonomie**.

2. Autorité et DISCIPLINE.

L'autorité doit d'abord être distinguée de la **discipline**. Celle-ci **représente l'obéissance** à des règles imposées par le maître ou construites en partie avec les élèves. L'autorité est une **relation** où se manifeste la capacité d'obtenir l'obéissance sans l'usage de la force. Il n'y a donc de véritable autorité que **consentie**, acceptée et **respectée** par l'élève.

3. Autorité et AUTORITARISME.

L'autorité se distingue donc aussi de l'**autoritarisme** qui, par la peur et le mépris dont il témoigne souvent, affirme un pouvoir mais n'obtient qu'une obéissance **forcée.**

Signes de l'autoritarisme : exigences nombreuses et pointilleuses, passivité des élèves, attitude distante et méfiante de la part du maître...

4. PARADOXE de l'autorité.

Le paradoxe de l'autorité légitime n'est pas seulement qu'elle obtient l'obéissance sans se réduire à l'emploi de la force ou de la ruse (séduction, manipulation...) C'est aussi qu'elle veut **cultiver la liberté par la contrainte.**

Pour comprendre ce paradoxe constitutif de la relation d'autorité, il faut distinguer :
- la liberté **tyrannique** : désir d'agir sans contrainte, sans le souci de la règle commune ;
- la liberté **raisonnable** : capacité d'agir en conformité avec la règle qui garantit la liberté de tous.

5. FINALITE de l'autorité.

La raison d'être de l'autorité est d'assurer le **passage** de la liberté tyrannique à la **liberté réglée**, raisonnable, dans l'intérêt de l'élève et pour **favoriser les apprentissages**. Pour cela, une attitude de **fermeté** est nécessaire, mais cette fermeté, en se mettant **au service de l'élève**, exprime uniquement la capacité qu'a le maître de faire respecter la règle commune, en rappelant les **droits** et les **devoirs** de chacun.

6. Le maître comme MEDIATEUR.

En d'autres termes, le maître **incarne** et **représente** la règle – selon la maturité de l'élève qui est plus ou moins apte à comprendre la valeur de la règle **pour elle-même** – et agit en **médiateur**.
Il **incarne** la règle si l'élève ne sait pas encore dissocier l'obéissance à la règle et l'obéissance à la personne du maître.
Il la **représente** si, à travers sa personne, c'est seulement à la règle que l'élève obéit.

7. Le maître comme EXPERT.

Cette analyse abstraite peut s'éclairer par les différentes **figures** de l'autorité. La première est celle de l'**expert**. Le maître fonde d'abord son autorité sur sa **compétence** professionnelle. Par sa maîtrise des savoirs fondamentaux, par sa capacité à instruire et à susciter l'intérêt pour les savoirs, il appelle le **respect**. Non pas d'abord pour sa personne, mais pour les valeurs qu'elle représente.

> □ **Exemple.** *Le maître n'impose pas une opinion personnelle.* ***A travers lui****, s'impose à tous une vérité qui peut être démontrée, vérifiée, contrôlée.*

8. Le maître comme ARBITRE.

L'autre figure essentielle est celle de l'**arbitre**. En permettant aux élèves de **construire la règle**, ou à tout le moins d'en **comprendre le sens**, le maître ne décide pas arbitrairement de ce qui est bien ou mal.

A travers lui, s'impose à tous ce qui limite mais garantit la liberté de chacun : la règle commune.

9. PEDAGOGIE de l'autorité.

Cette façon de concevoir et de mettre en pratique une telle relation d'autorité suppose que la pédagogie passe du domaine de l'**implicite** à celui de l'**explicite**.

- Pédagogie de l'implicite : les élèves sont censés connaître leurs droits et leurs devoirs et la signification du travail scolaire.
- Pédagogie de l'explicite : donner du **sens** au travail et à la discipline, dans un **engagement réciproque** passé entre maître et élèves.

□ **D'autres exemples.**

Peut-on se mettre d'accord sur un certain nombre de qualités relationnelles chez l'enseignant ?

Il faudrait distinguer par exemple :

*1) La **fermeté** qui sait rester **bienveillante**, parce que l'enseignant est aussi patient, calme et juste ;*

*- la fermeté **brutale**, sèche, soupçonneuse, qui s'exprime par éclats, de manière hautaine.*

*2) La **générosité** de l'enseignant **compréhensif**, qui sait se mettre à la place de ses élèves, mais qui est aussi exigeant ;*

*- la **bonté apparente** mais égocentrique, qui traduit surtout un **besoin de plaire** ;*

*3) L'**humour** (joyeux, communicatif et sociable, permettant de dédramatiser ou de relativiser) ;*

*- l'**ironie** glaciale et distante, qui blesse les personnes*

10. Hiérarchie et coopération.

L'**autorité magistrale**, pour être acceptée par l'élève, suppose donc à la fois une **hiérarchie** clairement reconnue (un maître que l'on puisse admirer et auquel il soit permis de s'identifier pour chercher à grandir), et une **coopération** (un maître au service de l'élève).

VIII. CITOYENNETE

1. Une FORTE DEMANDE.

L'éducation à la citoyenneté est aujourd'hui au centre des mesures préconisées pour :

- renforcer l'**autorité morale** des enseignants ;
- lutter contre la **délinquance juvénile** et le **racisme** ;
- éviter la tentation du **repli identitaire** (pour les communautés ethniques et religieuses en panne d'intégration) ;
- **restaurer le pacte** liant chacun d'entre nous à une communauté **politique** fondée sur le respect des droits de l'homme et du citoyen.

2. Des AMBIGUITES.

La citoyenneté c'est la **qualité** de citoyen. Mais de quelle qualité s'agit-il ?
S'il faut distinguer la citoyenneté traduisant simplement l'appartenance à une démocratie, et la citoyenneté **informée** et **volontaire**, quelles sont dans ce cas les connaissances et les attitudes **requises ?** L'éducation civique, qui veut conduire à une citoyenneté « éclairée », est-elle avant tout :

- une éducation **morale** ?
- une **réflexion** sur les fondements de la démocratie ?
- une **connaissance** des institutions et des droits ?
- une **expérience** de la démocratie dans le cadre de l'école ?

3. Citoyenneté d'APPARTENANCE et de PARTICIPATION.

Evitons d'abord de confondre deux formes de citoyenneté :

3.1 La citoyenneté d'appartenance.

Nul citoyen qui ne soit **membre** d'une démocratie reconnaissant à tous les mêmes **droits fondamentaux**.
Ces droits sont de **nature différente**

selon qu'ils expriment :

- un **pouvoir d'agir**, limitant la puissance de l'Etat : ce sont les **droits-libertés** *(exemples : liberté d'opinion, d'association...) ;*
- un **pouvoir d'obliger l'Etat à agir**, c'est-à-dire à assurer tel ou tel service : ce sont les **droits sociaux** *(exemples : droit à l'éducation, à la santé, aux loisirs...).*

3.2 La citoyenneté de participation.

De tels droits ne vont pas sans **devoirs**, et d'abord le devoir de respecter la loi (que chacun a **contribué** à élaborer en choisissant des représentants).
Mais le citoyen peut se complaire dans une attitude distante et passive - voire méprisante ou même hostile - vis-à-vis de la chose publique *(exemples : ne pas exercer son droit de vote ; **se tenir à l'écart** des grands débats publics ; d'une manière générale, **limiter** ses préoccupations à un horizon individuel).*

La citoyenneté de participation **ajoute** à la simple appartenance :

- un **intérêt** pour les problèmes et le devenir de la communauté politique ;
- une **référence à des valeurs** (respect du pluralisme; sens de la justice et de la responsabilité,..) ;
- une **volonté d'agir pour le bien commun**.

Pour former à l'école un citoyen éclairé, l'enseignant doit donc chercher à favoriser chez ses élèves, à la fois :

- la **compréhension** de ce qu'est la démocratie (les enjeux ; les fondements ; les institutions) ;
- l'**adhésion réfléchie**, argumentée, aux valeurs d'autonomie et de solidarité ;
- l'**envie d'être acteur** de la vie sociale et politique [cf. MOUGNIOTTE].

4. Citoyenneté et CIVILITE.

Les maîtres, pourtant, sont souvent tentés de confondre éducation civique et simple apprentissage de la civilité.

Certes apprendre à vivre ensemble est essentiel. Mais la civilité n'est rien d'autre que le **respect des règles et des usages** : elle concerne les relations sociales à l'intérieur d'un groupe *(exemples : être poli, attendre son tour...).* Cette civilité peut être de pure forme, et la notion de **sociabilité** ajoute l'idée d'une réelle capacité d'attention à autrui *(exemples : refuser l'exclusion, partager des responsabilités...).*

Il reste que l'apprentissage de la vie en commun **peut faire l'économie d'une réflexion** sur les valeurs d'autonomie et de solidarité, et se contenter d'**imposer des normes** de comportement.

5. Education MORALE et éducation CIVIQUE.

Une véritable éducation morale, au contraire, évite le dogmatisme, et **interroge** les valeurs qui nous servent de **références** pour juger notre conduite et celle d'autrui.

□ **Exemples.**
- Qu'est-ce que le courage ? Est-ce de ne pas avoir peur ou de surmonter sa peur ? Suffit-il d'être courageux pour bien faire ?
- Pourquoi ne faut-il pas mentir ? Tous les mensonges se valent-ils ? Les élèves vont être amenés à réfléchir à partir de ***situations concrètes*** *qui représentent des problèmes à résoudre.*

Une telle éducation **morale** est un **élément essentiel** de l'éducation **civique**, mais la forte articulation entre ces deux types d'éducation n'autorise pas à les confondre.

1. Education morale.
Elle veut :
- promouvoir des valeurs :

- d'**autonomie** (respect de soi, sens de l'effort et de la responsabilité, courage...) ;
- de **solidarité** (respect des autres et respect du bien commun, sens de l'entraide, tolérance,

justice...) ;
- et donc amener les élèves à **interroger** les valeurs qui **fondent** nos choix, nos attitudes, nos actions ;
- ce qui conduit à **éclairer** les notions de **respect**, de **dignité** de la personne humaine, de **réciprocité**...

2. Education civique.
Elle veut :
- favoriser l'**exercice réfléchi** de la citoyenneté (exercice des droits **fondamentaux** d'information, de participation, d'expression...) ;
- et donc amener les élèves à s'interroger sur les **fondements** de la démocratie (expression libre du suffrage universel, pluralisme des partis, respect des droits de l'homme...) ;
- ce qui oblige à **éclairer** les notions essentielles d'égalité, de droit, de liberté...

□ **Exemple.**
Beaucoup d'enseignants ***réduisent*** *l'exercice de la citoyenneté à l'élaboration d'un règlement de classe. Si l'idée est excellente, il ne s'agit pourtant là que d'un simple* ***contrat scolaire*** *permettant de donner du sens à la discipline, en explicitant le fondement des règles à respecter. Ce n'est pas encore un véritable* ***contrat de citoyenneté****, favorisant par exemple la* ***participation*** *des élèves à certaines décisions qui les concernent (par l'intermédiaire de délégués de classe librement élus).*

6. Education civique et EXPERIENCE de la DEMOCRATIE.

Que peut être l'expérience de la démocratie à l'école ? Et les élèves sont-ils bien des citoyens, ou sont-ils seulement appelés à le devenir ?

6.1 Communauté scolaire et communauté politique.

Il est clair qu'un établissement scolaire n'est pas un Etat démocratique. Communauté scolaire et communauté politique ne sont **pas de même nature**.

Qui ne voit qu'une élection organisée en classe, par exemple pour désigner le trésorier ou le secrétaire d'une coopérative scolaire, ne s'effectue pas dans le champ politique mais dans le cadre d'une expérience éducative ?

Il n'en est pas moins vrai que les élèves construisent à l'école des **compétences**, et apprennent (en les expérimentant) des **attitudes**, qu'ils pourront mobiliser ensuite dans le cadre de la vie politique.

En outre, en tant qu'enfants, ils ont des **droits fondamentaux**, et à ce titre ils sont **membres** à part entière, non seulement de la société et de la famille, mais aussi de l'école.Eduquer les enfants en respectant leurs droits, c'est donc aussi favoriser chez eux la **prise de conscience** de ces droits et faire qu'ils deviennent réellement des **acteurs** de leur vie sociale. *(Par exemple en « produisant » un journal qui les amènera à traiter l'information et à avoir ensuite une attitude plus **vigilante** et plus critique face aux médias).*

□ **Exemple.**

*La **Convention internationale des droits de l'enfant** (adoptée en 1989) reconnaît par exemple, dans son aticle 13, que l'enfant a **droit à la liberté d'expression.** Ce droit, précise le texte, « comprend la liberté de rechercher, de recevoir et de répandre des informations (...) sous une forme orale, écrite, imprimée ou artistique, ou par tout autre moyen du choix de l'enfant ». Mais il ne s'agit pas à l'école de former des journalistes, et l'étude de la presse ou la réalisation d'un journal ne sont **pas des fins en soi.** L'essentiel, du point de vue de l'éducation civique, pourra être, par exemple :*

*- de travailler sur l'information pour mieux la **maîtriser** ;*

*- de prendre conscience des **choix** rédactionnels ;*

*- d'assumer la **responsabilité** des écrits.*

6.2 L'expérience ne suffit pas.

L'initiation à la démocratie dans le cadre de l'école est ainsi l'occasion d'exercer l'esprit critique et la réflexion des élèves, mais aussi de construire des connaissances et des compétences.

> □ **Exemple.**
> *Lorsque les élèves votent en classe, cela conduit parfois à une parodie d'élection.*
> Exemple *: des élèves de CP « votent » pour choisir, parmi plusieurs propositions, le nom qui sera donné à un lapin dont ils auront à s'occuper. Il n'y a* ***ni enjeu*** *réel,* ***ni débat*** *véritable (aucune argumentation n'étant possible).*
> *Pour que l'expérience d'un vote en classe ait une réelle valeur éducative, il faut qu'il y ait enjeu et débat, et aussi que ce soit l'occasion :*
> *- de* ***comprendre*** *les principes et les valeurs de la démocratie (respect du pluralisme, possibilité d'un débat libre et contradictoire...) ;*
> *- de* ***connaître*** *la manière dont se déroule une élection (rôle de la campagne officielle, mode de scrutin...).*

7. Education civique et CONNAISSANCE des INSTITUTIONS.

Pas d'éducation civique, par conséquent, sans une connaissance des institutions et des droits. Mais cette connaissance :
- ne **se réduit pas** à une somme d'informations ;
- doit être **référée** à des principes et des valeurs ;
- représente d'abord un mode de **questionnement** (des réponses à des questions).

> □ **Exemple.**
> *Si des élèves de CM étudient le thème de la justice, il est certes important qu'ils sachent, par exemple, distinguer le Tribunal Correctionnel qui juge les* ***délits****, et la Cour d'Assises qui juge les* ***crimes****; ou qu'ils sachent distinguer le rôle du juge, le rôle du procureur et celui de l'avocat... Mais la connaissance du pouvoir judiciaire n'a guère d'intérêt pédagogique si l'enseignant n'a pas pour* ***objectifs*** *:*
> *- d'aider les élèves à appréhender la justice en tant que* ***valeur*** *et dans ses* ***principes*** *(gratuité ;*

égalité ; transparence ; impartialité ; présomption d'innocence ; droit d'être défendu...) ;
- de faire comprendre le ***fonctionnement*** *de la justice (institutions, acteurs...) à partir d'un* ***questionnement*** *(comment respecter les droits de chacun ?).*

*De même, à quoi bon décrire l'organisation d'un service public si ce n'est pas l'occasion d'appréhender la notion d'****utilité générale*** *? Ou encore : pourquoi expliquer le fonctionnement de la sécurité sociale, par exemple, si les informations ne sont pas référées à une interrogation sur les valeurs de* ***solidarité*** *et de* ***responsabilité*** *?*

D'une manière générale, l'erreur serait de faire comme si la démocratie (dans ses principes et son fonctionnement) ***allait de soi****, alors qu'elle représente une réponse - toujours révisable et perfectible - à la question de l'****organisation de la vie en commun*** *: comment assurer le* ***bien commun*** *et résoudre* ***pacifiquement*** *les conflits d'idées et d'intérêts ?*

8. Petit lexique autour de la notion de citoyenneté

(pour éviter d'autres confusions).

8.1 Droit.

Distinguons :
- au sens courant : ce qui est **permis**. Ce droit-permission est le seul auquel pensent les enfants, et ils ne lui donnent aucun contenu juridique *(exemple : « j'ai le droit de jouer dehors »).*

- Ce qui est permis **dans le cadre de la loi ou d'un réglement** en vigueur *(exemple : le droit de stationner à tel endroit).*

- Ce qui est **exigible (**en fonction du respect dû à l'enfant ou à la personne humaine en général). *(Exemple : le droit à l'éducation).*

- Ce qui est reconnu à tout **citoyen** et constitue les fondements de la démocratie *(exemples : le droit de vote, de réunion, d'association...).*

- L'**ensemble des règles** juridiques en vigueur dans un Etat *(exemple : le Droit français).*

8.2 Droits de l'enfant.
Cette expression est ambiguë car :
- les enfants ne constituent **pas une minorité** (leurs droits sont aussi fondamentalement ceux de la personne humaine);
- les enfants, lorsqu'ils ont des droits spécifiques, sont âgés de moins de 18 ans (mais ces « enfants », au sens juridique, sont bien entendu **très différents** selon qu'ils ont tel ou tel âge).

8.3 Loi.
Règle et loi sont souvent confondues.
Une **règle formule** de manière générale ce qui est permis et ce qui est défendu *(exemple : une règle en vigueur dans un établissement).*
Une **loi** est une disposition prise par le pouvoir **législatif** : elle s'impose à tous les citoyens à la suite d'un vote.

8.4 Solidarité.
Distinguons :
- la **dépendance réciproque** *(exemple : les économies sont solidaires) ;*
- la relation d'**entraide** qui a été instituée *(exemple : la sécurité sociale) ;*
- La relation d'entraide qui fait appel au **bon vouloir** des personnes.

8.5 République.
C'est une forme de gouvernement. Une République est démocratique au sens où elle reconnaît que la **souveraineté** appartient à l'**ensemble** des citoyens sans distinction ; mais toute démocratie ne prend pas nécessairement la forme d'une République *(exemple : la monarchie anglaise).*

Pour plus d'informations, se reporter à l'ouvrage du même auteur, complémentaire à celui-ci, *« 40 questions-réponses ».*

IX. COMPETENCE

« Compétence », « capacité », « aptitude »... les termes ne manquent pas pour désigner les savoir-faire des élèves. Mais ont-ils la même signification, et, si ce n'est pas le cas, quels sont - au-delà de la question des ambiguïtés possibles - les **enjeux pédagogiques** ?

1. Compétence et SAVOIR-FAIRE

1.1 Ambiguïté du terme « savoir-faire ».

Celui qui sait faire **réussit** dans la tâche qu'il entreprend, et cela de manière **régulière**, de sorte que la réussite ne peut être attribuée à la chance. Mais cette réussite peut être attribuée :

- à des **automatismes** (dans ce cas celui qui sait faire ne sait pas exactement **comment** il procède) ;
- à des **procédés** utilisés sans avoir besoin de réfléchir (dans ce cas, celui qui réussit sait comment il fait, mais ne sait pas **pourquoi** cette manière de faire réussit : il applique des « recettes ») ;
- à des **procédures** utilisées avec intelligence, de manière **adaptée** à ce que la situation a de **particulier**.

□ **Exemple.**

- *Un élève de CM respecte une règle de syntaxe, mais sans connaître et sans savoir* ***induire*** *la règle qu'il utilise (automatisme) ;*
- *il sait également faire une division avec retenue, mais sans comprendre ce qu'il « retient » (procédé) ;*
- *il sait sérier des nombres à six chiffres, non pas de manière intuitive, mais en utilisant une procédure qu'il maîtrise avec intelligence (parce qu'il a* ***compris la signification*** *des différents chiffres représentant les unités, les dizaines, les centaines, les unités de mille, les dizaines de mille et les centaines de mille). C'est là une véritable compétence.*

1.2 Une véritable compétence est un savoir-faire intelligent.

La distinction entre simple savoir-faire et compétence véritable, est donc **utile**. Elle permet à l'enseignant de ne **pas réduire** une compétence à la seule utilisation d'automatismes aveugles ou de procédés.

□ **Exemple.**

Des élèves de CE2 apprennent à écrire une lettre à un véritable destinataire, dans le cadre d'une correspondance scolaire.
Quelle compétence sont-ils en train de ***construire*** *? En utilisant quels acquis ?*

- a) Ils utilisent des connaissances et des savoir-faire nombreux :
- des ***connaissances*** *:*
. linguistiques (lexicales, syntaxiques...) ;
. extra-linguistiques (par exemple une expérience vécue relatée dans la lettre) ;
- des ***savoir-faire*** *ou des compétences élémentaires, qui rendent* ***possible*** *l'****acte matériel d'écrire*** *(contrôle du geste, coordination de l'oeil et de la main, structuration de l'espace...) ;*
- des ***compétences*** *non plus graphiques mais* ***linguistiques*** *(capacité d'utiliser le* ***code*** *de l'écrit, d'élaborer un message...).*

- b) Mais la compétence qu'ils construisent n'est pas la simple utilisation de ces nombreux acquis. Pour ***faire part*** *d'une information, pour répondre à une demande ou pour formuler une demande à l'intention d'un correspondant* ***absent****, il faut apprendre à opérer une* ***décentration*** *cognitive (****préciser qui*** *écrit ;* ***quand*** *;* ***où*** *; dans quel* ***but****...).*

Ainsi, une compétence est d'abord la possibilité de **mobiliser avec intelligence** ce qui a été appris, pour résoudre **un certain type de problème** : dans notre exemple, écrire pour un destinataire qui sera à chaque fois **différent.**

2. Compétence et PERFORMANCE.

Dès lors il est nécessaire de distinguer compétence

et performance. En effet une performance est un **résultat observable** dans des conditions bien **particulières** *(exemple : tel élève a fait telle faute d'orthographe à l'occasion de telle dictée)*, mais une compétence n'est évaluable qu'**indirectement**, **à travers** de nombreuses performances *(exemple : tel élève sait respecter telle règle d'accord)*.

- *Performance* : ce qu'un élève **a su faire**.
- *Compétence* : la capacité dont témoigne, ou **est censée témoigner**, la performance.

Quels sont, pour l'enseignant, les **enjeux** d'une telle distinction ?

- a) Elle est d'abord utile pour réfléchir sur ce qui est réellement évalué.

□ **Exemple.**

- *À l'occasion d'un contrôle, tel élève **n'a pas su sélectionner** les informations utiles à la résolution du problème qui lui était soumis. Peut-on en **inférer** qu'il n'a pas, de manière générale, cette compétence ?*
- *Tel élève a su **argumenter** son propos. Cela signifie-t-il qu'il sait argumenter, quel que soit le sujet traité ?*

*Une performance dépend de trop **nombreux facteurs** (fatigue, désintérêt, manque de confiance...) pour que l'évaluation sommative ne représente pas un **pari risqué**. Il faut bien connaître un élève, l'avoir observé dans des situations **différentes**, aux prises avec de **nombreux** problèmes, pour pouvoir évaluer ses compétences.*

- b) Elle est aussi féconde pour prendre en considération la motivation des élèves.

La compétence, dont nous avons vu qu'elle n'est pas directement observable, est **reconnue** par l'enseignant mais aussi par les élèves eux-mêmes, dans le contexte très particulier des apprentissages scolaires où joue en permanence la question de l'évaluation. La **perception** de la compétence est donc essentielle. **Se juger** capable de réussir et **croire** qu'on réussira, est souvent un facteur important de réussite. Or il est difficile pour l'élève d'avoir une **perception réaliste** de sa compétence [cf. R. VIAU].

Il est donc utile que l'enseignant sache distinguer :
- les **performances** réelles d'un élève ;
- la perception qu'il a de la **compétence** de cet élève ;
- la **perception**, plus ou moins erronée, que l'élève a de sa compétence.

> □ **Exemple.**
> *Un sentiment d'incompétence peut se fonder, bien entendu, sur des* ***performances antérieures*** *catastrophiques, mais ce n'est pas toujours le cas (l'élève peut avoir une image négative de lui-même, pour des raisons qui* ***ne relèvent pas de l'école****). A l'inverse, un élève peut se croire compétent malgré des échecs répétés : il se persuade, par exemple, qu'il* ***pourrait réussir*** *s'il le voulait.*

3. Compétence SPECIFIQUE et capacité GENERALE.

La différence entre compétences **disciplinaires** et compétences dites « **transversales** » est bien connue. Une compétence est appelée transversale parce qu'elle est censée **rester inchangée** dans les différents contextes disciplinaires où elle s'exerce [sur ce sujet, lire B. REY].

> □ **Exemple.**
> ***- Exemples de compétence disciplinaire :***
> *Savoir distinguer le chiffre des dizaines et des unités ; savoir reconnaître un groupe nominal ; savoir lire la légende d'une carte de géographie...*
> ***- Exemples de compétence transversale :***
> *Savoir : argumenter ; émettre des hypothèses ; expliquer ses choix ; élaborer un projet ; corriger ses erreurs ; communiquer ses démarches ; organiser son travail dans le temps ; respecter une consigne ; accepter les règles communes...*

Outre le fait que la transversalité de ces compétences ne va pas de soi
(☑ **Voir "METHODE" et "DISCIPLINE"**)
il convient de souligner qu'elles sont **de nature différente.**

Il faudrait distinguer :
- des comportements ou des **attitudes** *(exemples : savoir accepter les règles communes ; savoir écouter les autres...) ;*
- des **méthodes** *(exemples : savoir organiser son travail dans le temps ; savoir préparer un exposé...) ;*
- des opérations mentales ou des **capacités** *(exemples : savoir argumenter ; savoir émettre des hypothèses...).*

☐ **Exemple.**

Peut-on, sans se préoccuper des contenus disciplinaires, et avec seulement un matériel - jetons, cartes à jouer, etc. - former des adultes ayant un faible niveau scolaire, à maîtriser le raisonnement logique ?

*Peut-on les amener à exercer des capacités intellectuelles **générales**, c'est-à-dire **transférables** dans de multiples contextes ? L'expérience des « ateliers de raisonnement logique », initialement construite à la fin des années soixante sur ce pari d'inspiration piagétienne, a montré les **difficultés d'un tel transfert**.*

4. Compétence et APTITUDE.

Dans le langage courant l'aptitude est considérée comme **capacité naturelle** propre à un individu et **permanente**. Cette notion postule l'existence d'une **prédisposition** d'origine **héréditaire** sans tenir compte des déterminismes sociaux et culturels.

La notion d'aptitude peut aussi avoir simplement une valeur **prédictive** (tel élève semble apte à entreprendre tel type d'étude).

Mais dans les deux cas, il est bon de ne pas la confondre avec la notion de compétence, **plus proche** du domaine de l'observable. **Spéculer** sur les aptitudes ou les inaptitudes (supposées) d'un élève est une démarche aventureuse parfois lourde de conséquences.

Pour plus d'informations, se reporter à l'ouvrage du même auteur, complémentaire à celui-ci, *« 40 questions-réponses »*.

X. CONNAISSANCE

1. CONNAISSANCES et SAVOIRS.

Pourquoi distinguer connaissances et savoirs ?

- Les **savoirs** semblent être du côté des « objets » : ils sont **constitués**, consignés et compartimentés, **disponibles** par conséquent (dans les livres, les manuels...).
- Les **connaissances**, au contraire, sont du côté des « sujets » : elles sont le fruit d'une expérience et d'un effort **personnels** d'appropriation des savoirs.

> □ **Exemple.**
> *L'arithmétique constitue un savoir qui a une **cohérence interne**, indépendamment de sa compréhension par tel ou tel élève. Et les élèves ont une connaissance de l'arithmétique qui emprunte à **plusieurs sources** : ce qu'ils ont appris à l'école, mais aussi en dehors de l'école. Car ils ont forgé **dans l'expérience courante** des connaissances intuitives et parfois très approximatives, et pourtant bien réelles.*

2. Ne PAS CHOSIFIER les savoirs.

Mais, **à trop souligner** cette distinction nécessaire entre la connaissance-sujet et le savoir-objet, l'enseignant **risque d'oublier** que les savoirs constitués sont le **produit d'une recherche** (même si elle est parfois très ancienne).

Les savoirs sont ainsi trop souvent présentés **hors de toute référence** à l'histoire des sciences ou des idées, au lieu d'être **situés** dans le cadre de l'**entreprise humaine** et de l'effort - jamais achevé - de compréhension du monde (physique, biologique, social...). Le savoir n'est pas un objet au sens strict, malgré son élément d'extériorité : il doit être « assimilé », et seul un sujet humain peut donner du sens à ce qui représente d'abord un mode de **questionnement.**

□ **Exemple.**

Nous savons que la Terre est une planète qui tourne à la fois sur elle-même et autour du Soleil. Ce savoir peut sembler aujourd'hui aller de soi. C'est oublier qu'il est le résultat d'une longue recherche qui a demandé un effort intellectuel sans précédent pour ***lutter à la fois*** *:*

- contre les ***apparences*** *(le Soleil semble tourner autour de la Terre) ;*

- contre la tendance à vouloir situer l'homme ***au centre*** *du monde.*

Pour que les élèves assimilent ce savoir, l'enseignant devrait donc :

- revenir à sa ***source****, c'est-à-dire à un questionnement millénaire (pourquoi l'alternance des jours et des nuits ? pourquoi les saisons ?)*

- faire apparaître en quoi il constitue une réponse ***doublement audacieuse****.*

Lorsque les connaissances sont systématisées - non pas isolées mais mises en relation et distribuées avec rigueur autour de concepts organisateurs - on peut donc parler de véritable appropriation d'un savoir [cf. ASTOLFI et DEVELAY].

□ **Exemple.**

Louis XVI a été guillotiné le 21 janvier 1793. Ce n'est encore là qu'une ***simple information*** *qui peut être* ***transmise*** *et mémorisée.*
La connaissance commence avec l'effort de ***compréhension*** *(Pourquoi un roi a-t-il pu être condamné à mort ? Comment le procès s'est-il déroulé ?) Cet effort pour donner du sens à l'évènement en le situant dans son* ***contexte*** *conduit par exemple à s'interroger sur la composition de la Convention (les Girondins, la Plaine, les Montagnards) et sur les forces politiques en présence dans une France en guerre... En saisissant la* ***logique*** *des évènements, l'élève* ***s'approprie progressivement*** *- à différents niveaux, selon son âge et ses possibilités de compréhension - un savoir historique.*

3. Des FORMES MULTIPLES de connaissance.

Connaître c'est comprendre, c'est-à-dire **prendre ensemble**, insérer des informations dans un ensemble cohérent. Une connaissance peut être erronée; elle représente néanmoins, non pas une somme d'informations, mais une manière d'interpréter, d'expliquer, de **trouver du sens**. S'il est important d'être informé et surtout de s'informer, cela ne suffit donc pas à constituer une connaissance.

Mais les formes et les modes de connaissance sont multiples. Les connaissances peuvent être **déclaratives** ou **procédurales** selon qu'elles portent sur des faits, des objets, des situations, ou sur des manières de faire.

Elles peuvent aussi être construites **méthodiquement** ou élaborées **empiriquement** (dans l'expérience courante).

Bien des connaissances sont intuitives (« il semble évident que... ») et manquent de rigueur logique, conceptuelle ou expérimentale.
La connaissance **commune** - qu'il faut distinguer de la connaissance scientifique - préfère les **réponses** aux questions, les **certitudes** aux interrogations, et se forme le plus souvent **dans** la pratique et **pour** la pratique : elle **suffit** à régler notre conduite et à donner le sentiment de comprendre, mais se fonde sur des inférences ou des généralisations hâtives, des analogies superficielles, des impressions mal analysées...

4. Des connaissances MOBILISABLES.

Pour acquérir des connaissances **nouvelles**, les élèves utilisent ce qu'ils ont appris, et ces connaissances **préalables** peuvent représenter un **appui** mais aussi un **obstacle**.

□ **Exemple** (***un appui***).

Des élèves de CE1 connaissent et savent utiliser l'addition. Cette connaissance, construite méthodiquement, leur sert d'appui pour ***découvrir*** *la soustraction. Soit par exemple*

CONNAISSANCE

l'opération suivante : 78 - 18 = ? Ils vont imaginer qu'une puce, partant de 18, fait d'abord un saut jusqu'à 20 (+2), puis cinq sauts de 10 (10 + 10 + 10 + 10 + 10 = 50) pour arriver à 70, et enfin un saut de 8 pour arriver à 78. En additionnant 2, 50 et 8 ils obtiennent la réponse 60. Cette approche de la soustraction ***à partir de l'addition*** *leur permettra de comprendre que les deux opérations sont réversibles.*

□ **Exemple (*un obstacle*).**

Soit le problème suivant : « Pierre a partagé ses billes avec trois camarades. La part qui lui revient, après le partage, est de 25 billes. Combien avait-il de billes à partager ? »

Pour résoudre ce problème, des élèves de CM2 doivent mobiliser des connaissances :

- déclaratives : ils savent ce qu'est une unité, une dizaine ; ce que veut dire partager...

- procédurales : ils savent effectuer une multiplication avec retenue (25 x 4).

Mais la ***notion de partage évoque*** *pour eux la division. Pour effectuer la bonne opération, il leur faut surmonter un* ***obstacle****.*

5. OBSTACLE et difficulté.

L'importance des conceptions préalables (ou des représentations) est aujourd'hui bien connue, notamment pour l'apprentissage des sciences. Mais là encore apparaissent des confusions :

- a) Une conception préalable n'est pas forcément erronée. Elle peut être vraie, au moins en partie. Seule une conception qui **empêche l'élève d'apprendre** est un obstacle.

- b) Un obstacle n'est pas nécessairement représenté par une connaissance erronée ; il peut être simplement lié à une **habitude** qui dispense de réfléchir (comme dans l'exemple précédent).

- c) Un obstacle est plus qu'une difficulté. **A la source** d'erreurs tenaces, il représente un mode de pensée ou une habitude avec lesquels l'élève **ne sait pas rompre**. Tout apprentissage est difficile, mais l'obstacle est ce qui empêche l'apprentissage de s'effectuer [cf. BACHELARD].

□ **Exemple.**
Les élèves ont appris, par l'expérience la plus familière, que l'eau chaude refroidit.
Mais ont-ils compris qu'elle revient progressivement à la température de l'air, parce que l'eau ***a donné de la chaleur*** *à l'air ? Cette* ***idée d'échange****, ici, a contre elle l'apparence. Où est l'****obstacle*** *? Dans la* ***confusion entre chaleur et température*** *: l'expérience familière nous induit à penser que la chaleur* ***disparaît*** *lorsque la température de l'eau baisse. Il s'agit donc de prouver expérimentalement,* ***contre le sens commun****, que la chaleur* ***se conserve****, et pour cela l'enseignant doit* ***provoquer l'étonnement*** *en construisant une situation d'apprentissage (expérience de la bouteille isolante, par exemple).*

Ainsi les obstacles trouvent d'abord leur **source** dans l'expérience **familière.**
Nous **préférons** les images aux concepts, l'observation immédiate à l'expérience provoquée et contrôlée. De ce fait, il faut **à la fois**, pour **se défaire** de représentations qui ont **pour nous** une valeur explicative **suffisante** :
- beaucoup de **modestie intellectuelle** (pour accepter de remettre en cause les certitudes les mieux ancrées) ;
- beaucoup d'**audace intellectuelle** (pour avoir le courage des questions qui bousculent nos évidences).

Le **langage** représente l'autre source essentielle d'obstacles. Car nous laissons les mots - et ce qu'ils suggèrent - « penser » à notre place.
Or le langage **induit** des représentations erronées, en favorisant par exemple la croyance aux « sujets », aux « qualités », etc.

□ **Exemple.**
En ***disant*** *que la mer* ***est*** *bleue, nous suggérons que ce bleu est une qualité inhérente à la mer, alors qu'il est un* ***effet*** *de la réfraction de la lumière.*

6. Des NIVEAUX DE FORMULATION.

Venons-en aux enjeux pédagogiques.

L'enseignant, en premier lieu, ne devrait pas sous-estimer l'obstacle que les élèves ont à surmonter pour apprendre. Une fois cet obstacle bien identifié, il permet de définir un **objectif privilégié** : faire que les élèves puissent **rompre** avec telle représentation ou telle habitude.

> □ **Exemples.**
> *Il est « naturel » de croire, même si c'est faux :*
> *- qu'il fait plus chaud au pôle sud qu'au pôle nord ;*
> *- que l'homme respire seulement par les poumons (et non pas aussi par la peau) ;*
> *- que l'air ne peut pas être de la matière ;*
> *- que le poids est une qualité intrinsèque de la matière ;*
> *- que la ligne (en géomètrie) a une épaisseur.*

L'enseignant, en second lieu, devrait envisager la construction des connaissances conceptuelles comme un **processus** qui s'effectue à **différents niveaux.**

> □ **Exemple.**
> ***Concevoir*** *que tout ce que l'on peut voir, sentir, etc., est de la* ***matière*** *qui se présente sous trois formes différentes (l'état solide, l'état liquide, l'état gazeux), voilà qui* ***n'épuise pas****, bien entendu, le concept de matière tel qu'il est construit aujourd'hui par les physiciens. Mais ce* ***premier niveau*** *de formulation correspond à une première approche - acceptable bien que scientifiquement insuffisante - du concept. Et il demande, pour être compris par des élèves de cycle 3, de surmonter un obstacle, c'est-à-dire ici de rompre avec une représentation spontanée identifiant la matière à quelque chose de « solide ».*

7. Démarche scientifique et démarche pédagogique.

Parce que l'expérience scientifique **rectifie** des erreurs et **contredit** le plus souvent l'expérience immédiate ou la pensée commune, il est possible de rapprocher :

- a) Le processus de construction des **savoirs scientifiques**, qui n'est pas linéaire et cumulatif mais oblige à des **ruptures** (ruptures avec le sens commun mais aussi avec des théories existantes).
- b) Le processus de construction, par les élèves, des connaissances conceptuelles (nécessitant une révision des connaissances acquises).

Qu'il s'agisse des chercheurs ou des élèves, la connaissance du réel n'est pas immédiate : elle est **construite**. Mais cette notion (si usitée aujourd'hui) de construction, est ambiguë. Car l'enseignant **connaît déjà** ce que les élèves cherchent. Il est précisément là pour les **guider** dans leur effort d'appropriation de savoirs déjà constitués.
Distinguons, par conséquent, de ce point de vue :

- la **recherche scientifique**, qui construit des théories ou des modèles pour rendre compte d'expériences provoquées et contrôlées (ce qui constitue un **progrès du savoir**) ;
- la **conduite de recherche chez les élèves** guidés par un maître (ce dernier construit des situations d'apprentissage, en fonction de **son objectif** : ce que les élèves ont à découvrir).

☑ Voir "AIDE".

□ **Exemple.**

La méthode expérimentale, enseignée dans les écoles, se réfère souvent à un schéma classique dit OHERIC (observation ; hypothèse ; expérience ; résultat ; interprétation ; conclusion).

Ce schéma, si satisfaisant eu égard aux objectifs propres à une initiation scientifique à l'école, ne correspond pourtant guère à la ***génèse réelle des recherches*** *scientifiques, où l'observation est toujours déjà fortement guidée par des conceptions théoriques.*

XI. CONTRAT

1. CONTRAT PEDAGOGIQUE et CONTRAT DIDACTIQUE.

La notion de contrat **pédagogique** concerne la **relation** entre maître et élèves. Le contrat veut fonder cette relation sur un **engagement réciproque** et une **explicitation** des attentes et des exigences de chacun.

La notion de contrat **didactique** concerne le **rapport au savoir**, les attentes respectives du maître et des élèves et leur part d'**implicite**.

2. PEDAGOGIE DE CONTRAT et CONTRAT PEDAGOGIQUE.

La pédagogie de contrat est une démarche générale caractérisée par la volonté chez le maître de favoriser le dialogue, la **concertation** et le **partage des responsabilités.**

Un contrat pédagogique est, de manière plus **ponctuelle**, un engagement **précis** et réciproque, supposant un accord passé entre maître et élève à l'issue d'une discussion (voire d'une négociation).

3. CONTRAT INDIVIDUEL et CONTRAT DE GROUPE.

Le contrat passé avec le maître peut s'effectuer dans le cadre d'un enseignement **individualisé**.

☐ **Exemple.** *Tel élève établit, en concertation avec le maître, un plan de travail. Il sait à quoi il s'engage (avec quels moyens, pour quel laps de temps, avec quelle modalité d'évaluation). Et le maître peut s'engager, par exemple, à laisser une autonomie entière à l'élève, ou au contraire à lui fournir une documentation...*

Le contrat peut aussi être réalisé dans le cadre d'une pédagogie **différenciée** où un groupe d'élèves s'engage par exemple à rédiger ensemble une nouvelle policière (nombre de pages, durée du travail, aide du maître).

4. CONTRAT DE TRAVAIL et CONTRAT MORAL.

Un contrat pédagogique, qu'il soit individuel ou de groupe, peut porter sur un travail à effectuer mais aussi sur les droits et les devoirs de chacun.

> □ **Exemple.** *Au lieu d'imposer des règles, le maître suscite le besoin d'un règlement et construit celui-ci en accord avec les élèves.*

5. Dérives fréquentes.

Un vrai contrat ne peut être imposé.
Or il est tentant, pour l'enseignant, en rusant avec ses élèves, de faire passer pour un contrat ce qui n'est qu'une démarche unilatérale (sans aucune réciprocité).

Autre dérive : définir un contrat trop détaillé, donc trop contraignant, ou au contraire se contenter d'une déclaration d'intention.

Dérives également : le contrat irréalisable et le contrat non-évaluable.

☑ **Voir aussi "DISCIPLINE".**

6. CONTRAT DIDACTIQUE.

Cette notion désigne des **attentes souvent implicites** et relatives à **l'acte d'enseigner**.
Il ne s'agit donc pas ici d'un accord passé en toute clarté entre l'enseignant et les élèves, mais d'un accord **supposé**, informulé, **régissant les comportements** de chacune des deux parties.
Le contrat didactique a deux faces :
- ce que les élèves attendent de l'enseignant ;
- ce que l'enseignant attend des élèves.

6.1 Ce que les élèves attendent de l'enseignant .

> □ **Exemple.** *Les élèves attendent de l'enseignant qu'il pose des problèmes ayant* ***tous*** *une solution, et une solution qu'ils puissent trouver en utilisant* ***toutes*** *les données.*

On voit, à travers cet exemple, le poids des habitudes. Tout se passe comme si l'enseignant s'était engagé à ne pas déroger à une règle tacite. En cas de manquement à cette règle, les élèves sont alors déstabilisés.

☐ **Exemple.** *30 barres de chocolat coûtent 15 euros. Combien coûte une barre ?*
Le fait que des élèves se trompent en divisant 30 par 15 permet d'analyser les termes du contrat : « un nombre ne peut être divisé par un nombre plus grand ».

6.2 Ce que l'enseignant attend des élèves.

Une partie du contrat se présente sous la forme d'exigences que l'enseignant formule par des injonctions précises *(exemple : « lisez attentivement tous les mots de l'énoncé »).*
Mais l'enseignant a aussi des attentes implicites. Ainsi par exemple, il **postule** souvent que ses élèves :

- sauront utiliser dans un autre contexte ce qu'ils ont appris à l'occasion d'exercices systématiques ;
- trouveront utile de se servir du contexte sémantique pour comprendre le sens d'un mot.

7. ROMPRE LE CONTRAT didactique.

Rompre le contrat didactique permet de faire apparaître les attentes implicites des élèves. Ainsi, on évite qu'ils ne s'enferment dans des habitudes qui les dispensent de réfléchir.

☐ **Exemple.** *Parce que la division fait l'objet d'un apprentissage systématique, les élèves utilisent* ***machinalement*** *cette opération. Proposer des problèmes où la division n'a pas à être effectuée, c'est à la fois* ***rompre*** *et* ***mettre en lumière*** *les termes d'un contrat que l'on peut formuler ainsi : « Tout problème posé à ce moment de l'année scolaire appelle l'emploi de la division ».*

8. EXPLICITER LES ATTENTES.

En ce qui concerne ses propres attentes, l'enseignant doit les expliciter le plus possible, et aussi s'assurer que les compétences qu'il suppose chez ses élèves sont bien réelles. *(Exemple : savent-ils réellement lire l'énoncé du problème ?).*

XII. CULTURE

1. DEFINITIONS.

Distinguons d'abord la culture comme ensemble de savoirs bien assimilés, celle de l'homme **cultivé**, et la culture dans son acception ethnologique (l'organisation de la **vie des groupes** : système complexe de savoirs, de représentations et de pratiques).

2. ETRE CULTIVE.

Qu'est-ce qu'être cultivé ? Ce n'est pas tout savoir, même dans un domaine restreint (culture littéraire, artistique, scientifique...). **Au-delà des connaissances**, la culture est faite **d'attitudes** (l'interrogation, la recherche méthodique, etc.) et de **valeurs** (le goût du savoir, le choix de la rationalité...).

3. FORMES et NIVEAUX de culture.

Il convient de distinguer des formes et des niveaux de culture. La culture littéraire, par exemple, est une forme de culture. Mais cette culture peut être **savante** (celle des chercheurs) ou **scolaire**. Elle peut aussi être celle de l'**autodidacte** ou de l'**amateur éclairé**.

4. La CULTURE GENERALE.

La conception **humaniste** de la culture privilégie la **culture générale**, la formation de l'homme au contact des grandes oeuvres de l'humanité.

Ces oeuvres constituent **un patrimoine culturel** qu'il convient de préserver. La culture a ainsi une valeur **conservatoire.**

5. La CULTURE, force de CONTESTATION.

Mais la culture représente aussi une force de **contestation**, de **renouvellement.** En effet, elle suppose une **mise à distance** des problèmes vitaux et concrets de l'ici-maintenant, et une **remise en cause** des habitudes de voir, de penser, de sentir...

Au-delà des savoirs spécialisés, elle permet de **développer une attitude cultivée,** caractérisée par le goût et la recherche de ce qui a valeur **universelle** sans être immédiatement ou directement utile.

6. MENACES pour la culture.

Ce qui **menace** la culture : la censure, l'embrigadement, toutes les formes de pensée totalitaire excluant l'esprit de libre examen, le débat, l'esprit de recherche.
Mais aussi l'**indifférence** et l'**indifférenciation** : ne s'intéresser qu'au monde des apparences immédiates, des particularismes locaux, des modes changeantes, et croire que tout se vaut. Il n'y aurait plus de culture mais seulement des phénomènes culturels passagers, tous également dignes d'intérêt.

7. UNIVERSALITE de la culture.

Si toutes les pratiques culturelles méritent l'attention de l'ethnologue, croire qu'elles se valent toutes est l'affirmation d'un **relativisme culturel** qui renonce à toute prétention à l'universalité.
Pour que l'idée même de culture garde un sens, il faut qu'elle constitue un **ensemble de valeurs qui transcendent ces particularismes.**

Au coeur des différences culturelles, il convient donc de **mettre en évidence ce qui est transculturel.**

□ **Exemple.** *On peut montrer les différences entre les grandes religions - dogmes, lieux de culte et de pélerinage, fêtes, coutumes, etc. - ce qui constitue une pédagogie de l'**inter-culturel.** Mais aucune de ces religions **ne peut se réduire à ces différences** : chacune, dans son langage, dit quelque chose à quoi tous les hommes peuvent raisonnablement croire (l'égalité des hommes dont la dignité ne dépend pas de la fortune ou du pouvoir, la primauté de l'esprit...).*

XIII. CYCLES

1. DEFINITION.

La notion de cycle, introduite dans la loi d'orientation du 10 juillet 1989, est une notion **pédagogique.**
Elle désigne un **cycle d'apprentissage** et non pas une période regroupant trois « cours » ou classes de niveau. En effet, si la scolarité est organisée en *trois cycles*, de l'école maternelle à la fin de l'école élémentaire, c'est pour assurer la **continuité** des apprentissages en définissant, pour chaque période de trois ans, des **objectifs** précis. Ainsi, lorsque les compétences de fin de cycle sont acquises, l'élève doit pouvoir aborder les apprentissages du cycle suivant **dans la classe où il se trouve.**

2. CYCLE et CLASSE DE NIVEAU.

Mais l'habitude est restée de désigner chaque « cours » ou classe de niveau (CP, CE1, CE2, CM1, CM2), ce qui explique cette confusion.

□ **Exemple.** *Un enfant de 5 ans **devait attendre**, pour commencer l'apprentissage systématique de la lecture, d'entrer au CP. D'où la tentation, pour les parents, de demander un passage anticipé au CP dès 5 ans, si l'enfant était apte à commencer les apprentissages fondamentaux. La mise en place des cycles permet de maintenir l'enfant en maternelle (structure ayant son mode d'organisation et sa pédagogie) tout en abordant ces apprentissages (donc de manière adaptée).*

3. RENOVATION et non pas réforme.

L'important est donc de bien voir qu'il ne s'agit pas d'une réforme administrative supprimant la structure-classe avec sa triple unité (un maître – un groupe – un lieu) mais d'une **rénovation pédagogique** qui incite à **infléchir des pratiques** et à changer des mentalités dans le sens :
- d'une meilleure **concertation** entre les maîtres (conseil des maîtres de cycle – livret scolaire

assurant la liaison entre les maîtres et avec les familles) ;
- d'un renforcement de **l'évaluation formative** (évaluation continue au service de l'apprentissage) ;
- d'une meilleure **liaison** école maternelle - école élémentaire ;
- d'une meilleure prise en compte des **différences** entre élèves et de l'individualisation des parcours.

4. CYCLES et PEDAGOGIE DIFFERENCIEE.

Lorsque la mise en place des cycles s'accompagne d'une pédagogie véritablement **différenciée**, le maintien d'un élève plus de trois ans dans le même cycle ne saurait par conséquent s'apparenter à un redoublement. Car ce redoublement dans sa forme traditionnelle signifiait la **reprise à l'identique** d'un même cours annuel, et l'élève était nécessairement conduit à recommencer un apprentissage même déjà maîtrisé.

5. AVANTAGES et DANGERS.

Un telle rénovation encourage le **suivi** d'une même classe d'une année à l'autre, le **décloisonnement**, les groupes de **soutien.**
Mais le danger existe de voir les maîtres :
- constituer des groupes de niveau ;

☑ Voir "PEDAGOGIE DIFFERENCIEE ".

- renoncer en partie à la **polyvalence** (tel maître du cycle 3 enseignerait uniquement les matières scientifiques, par exemple).

6. Eviter les dérives.

Pour éviter ces dérives, il importe de ne pas confondre la **fin** et les **moyens**. Le décloisonnement et les regroupements d'élèves ne sont **que des moyens** au service d'une organisation plus souple des temps d'apprentissage.
L'essentiel est d'aider les élèves à construire leurs apprentissages de la manière **la mieux adaptée** à leurs besoins et à leurs possibilités.

XIV. DEMOCRATISATION

1. Un débat CONFUS.

La question de la démocratisation de l'enseignement fait l'objet d'un débat souvent **passionné**, mais d'où sont rarement exclus : les **choix idéologiques**, les **arrière-pensées**, les convictions uniquement ancrées dans une expérience personnelle.
On évoque l'« égalitarisme » ou au contraire l'« élitisme » de l 'école, la « baisse du niveau » ou la férocité de la « sélection »... Mais la nuance, la précision, le souci de l'objectivité - qui pourraient donner corps à une véritable **argumentation** - font habituellement défaut.

2. DEUX FORMES de démocratisation.

Que veut dire « démocratiser » ? Le verbe désigne un **processus** qui conduit à la démocratie, ou à **s'approcher** d'un idéal démocratique. Démocratiser l'enseignement, c'est donc le mettre progressivement en conformité avec les **principes** de la démocratie.
Le principe fondamental est celui d'**égalité**.
Mais ici commencent les ambiguïtés, car, appliqué à l'enseignement, il peut être entendu de deux façons ; de là, deux formes de démocratisation :

2.1 Première forme.

- L'égalité signifie que le **droit à l'instruction** doit être le même pour tous. Pour que ce droit devienne réalité, il a fallu **instituer** :
  - l'**obligation scolaire** (loi FERRY de 1882) ;
  - la **prolongation** jusqu'à 16 ans de la scolarité obligatoire, afin de permettre l'accès du plus grand nombre à l'enseignement secondaire (réforme BERTHOIN de 1959).
- Vont contribuer ensuite à cette même forme de démocratisation :
  - la **suppression des filières** à l'entrée au collège, afin que tous bénéficient du même enseignement, sans sélection prématurée (réforme HABY de 1975) ;

- une politique scolaire favorisant l'accès d'une majorité d'élèves au niveau baccalauréat (loi d'orientation de 1989).

2.2 Deuxième forme.

Que tous les enfants aillent à l'école, le plus longtemps possible, et qu'ils aillent dans la même école, pour recevoir le même enseignement : cela n'est pourtant **pas suffisant**. L'égalité signifie aussi que **les chances de réussite** doivent être **les mêmes pour tous.**

Si tous les élèves vont au collège, mais avec des **chances inégales** de réussir leur scolarité selon leur origine sociale ou géographique; si plus tard, au lycée, seule une **minorité** se prépare de très loin aux emplois les plus **prestigieux,** l'inégalité ici est d'un autre ordre : elle n'est plus quantitative mais d'abord **qualitative.**

Démocratiser l'enseignement ne signifie plus simplement :

- permettre un **accès massif** au collège, au lycée, puis à l'université ;
- mais, par une politique **volontairement inégalitaire**, « donner plus à ceux qui ont moins », chercher le plus tôt possible à **compenser** les inégalités socio-culturelles.

□ **Exemple.**

*En 1982 sont apparues les Z.E.P. (Zones d'Education Prioritaires). Que signifie ici la notion de **priorité**? Elle désigne l'urgence d'accorder des **moyens spécifiques** (en personnels, en matériels...) à des établissements qui sont situés dans un même lieu, bien **délimité**, et pour lesquels les **difficultés scolaires** rencontrées s'expliquent essentiellement par des raisons économiques, sociales et culturelles (proportion importante de pères de famille sans emploi ; proportion importante de familles d'origine étrangère...) Ces moyens doivent permettre de créer une **dynamique** nouvelle, autour d'un projet.*

3. Sélection SOCIALE et sélection SCOLAIRE.

L'**enjeu** est clair : il n'y a pas de démocratie sans **mobilité sociale**. A quoi bon, en effet, reconnaître que **tous les emplois** sont **en droit** accessibles à tous, si tous ne bénéficient pas, **en fait**, des mêmes chances d'y accéder ?

Lorsque les enfants (jusqu'aux lendemains de la seconde guerre mondiale) n'étaient pas scolarisés dans la même école mais dans **deux réseaux différents** - dont l'un seulement, réservé massivement aux enfants de la bourgeoisie, permettait d'**accéder aux études longues** - la sélection était **avant tout sociale**. L'**unification** de l'école a mis fin à cette ségrégation brutale.

Pourtant, bien qu'**uniquement scolaire en apparence**, la sélection continue, **statistiquement**, à s'effectuer à l'avantage des familles aisées [cf. BOUDON et BOURDIEU]. Elle reste donc **en partie sociale.**

4. SELECTION et ELITISME.

L'école serait-elle élitiste ? Regardons de plus près. Le mot « élite » évoque le cercle étroit de ceux à qui on a reconnu une **forme d'excellence**, et qui tirent ensuite **profit** de cette distinction.
L'élitisme désigne l'attitude favorable au recrutement d'une telle élite.

Mais, au-delà des polémiques faciles, il est nécessaire de distinguer :
- le **principe** même d'une sélection des meilleurs, pour les emplois qui exigent la plus grande compétence dans tel ou tel domaine ;
- les **modalités** de cette sélection (quels critères retenir ? à quel moment ? avec quelles conséquences ?).

Sélectionner, c'est **choisir** et donc aussi **écarter.** Le problème est alors le suivant : comment une nécessaire sélection pourrait-elle être **compatible** avec les principes de la démocratie ?

Il faudrait pour cela :
- qu'elle se fonde **uniquement** sur la reconnaissance du travail et du talent ;
- que soient reconnues **différentes formes d'excellence** *(par exemple, dans les activités artisanales, technologiques...).*
- que le choix des meilleurs, dans les différents domaines, puisse aussi se faire **à différents moments** de la vie, et non pas seulement à la fin d'un cycle d'études.

La définition d'un tel **idéal** démocratique montre à la fois **vers quoi** il faudrait **tendre**, et le chemin qui reste à parcourir.

Dans notre société fortement scolarisée, où la réussite **scolaire** détermine pour une grande part la réussite **sociale**, le problème est d'abord celui d'une sélection scolaire largement **faussée** par la **distance culturelle** qui sépare l'école des classes sociales défavorisées.

□ **Exemple.**
Non seulement les enfants de cadres supérieurs, par exemple, ont plus de ***chances*** *de devenir bacheliers que les enfants des ouvriers, mais ils ont aussi plus de chances d'emprunter les « **bonnes filières** », celles qui ouvrent aux meilleurs emplois.*
Pourquoi ? Sont déterminants, du point de vue des sociologues :
*- le **capital culturel** des familles (qualité du langage, intérêts culturels...) ;*
*- le **niveau d'aspiration sociale** (l'ambition pour l'enfant) ;*
*- la **bonne connaissance** de l'institution scolaire et des clés de la réussite ;*
*- le **choix de l'établissement** (en rusant avec les contraintes de la carte scolaire, notamment par le biais du choix des langues).*

5. Un enseignement EGALITARISTE ?

Si pour certains l'école est trop élitiste, elle est à l'inverse, pour d'autres, trop « égalitariste ». Qu'est-ce à dire ?
L'égalitarisme est une **perversion** du principe d'égalité, lorsqu'il est appliqué **mécaniquement**,

sans réel souci de justice, là où il faudrait au contraire établir des **distinctions**. L'égalitarisme de l'enseignement désigne le refus (réel ou supposé) de reconnaître suffisamment **l'inégalité des compétences** chez les élèves.

Mais, **en dehors de ce sens courant**, il est possible d'envisager d'autres formes d'égalitarisme ; en particulier :
- vouloir enseigner **de la même manière** à tous les élèves, sans différenciation pédagogique ;
- attribuer les **mêmes moyens** à tous les établissements.

Si donc l'école doit lutter, au nom de l'**équité**, contre l'égalitarisme, c'est :
- en récompensant mieux le **mérite** ;
- mais aussi en faisant un **effort particulier** pour les élèves issus des milieux défavorisés, et en apportant des **aides spécifiques** aux élèves en difficulté .

☑ **Voir "AIDE".**

6. Une BAISSE DU NIVEAU ?

L'afflux massif d'élèves dans le secondaire puis dans le supérieur, aurait eu pour effet de tirer le **niveau moyen** de connaissances **vers le bas** : c'est la fameuse **baisse du niveau** des élèves, dont se plaignent beaucoup d'enseignants.

Mais là encore, au lieu d'affirmer ou de nier globalement cette baisse à partir d'une expérience **uniquement personnelle** et pour des **raisons polémiques**, il serait préférable de distinguer :
- a) un niveau moyen **mesuré précisément** dans un domaine **particulier**, et permettant une comparaison *(exemple : le niveau moyen en orthographe des élèves de CM2 aujourd'hui et il y a vingt ans) ;*
- b) un niveau moyen de connaissances, estimé de manière générale et sans véritable comparaison possible *(exemple : comparer le niveau de connaissances des élèves de seconde aujourd'hui et il y a vingt ans, en omettant de considérer le fait que la proportion d 'élèves*

scolarisés en seconde, à l'intérieur de l'ensemble d'une classe d'âge, a beaucoup augmenté).

7. Démocratisation DANS L'ECOLE.

Lorsque l'école est considérée en tant qu'**organisation** ayant ses règles, ses hiérarchies, sa vie relationnelle, etc., le problème de la démocratisation se pose sur un **autre plan**.
Il est alors question de la **vie scolaire** qui fait plus ou moins appel, dans son fonctionnement, à la concertation et au travail d'équipe, à des procédures transparentes et équitables...

□ **Exemple.** ***Formes de démocratisation :*** *la possibilité pour les élèves d'être* ***informés*** *ou* ***consultés*** *par l'administration ; la possibilité, pour les parents, de rencontrer les enseignants, ou de* ***faire appel*** *des décisions d'orientation...*

8. Quelques REPERES CHRONOLOGIQUES importants.

.1792	- CONDORCET - Mémoires sur l'instruction publique (pas de république sans l'instruction de tous, car l'instruction est un instrument de liberté et d'égalité).
. 1833	- Loi GUIZOT : . une école par commune ; . création d'un corps d'instituteurs.
. 1881	- Loi FERRY (gratuité de l'enseignement primaire).
. 1882	- Loi FERRY (obligation scolaire de 6 à13 ans).
. 1930	- Gratuité de l'enseignement secondaire.
. 1936	- L'obligation est portée à 14 ans.
. 1947	- Unification de l'école primaire (plan LANGEVIN-WALLON).
. 1959	- Réforme BERTHOIN (l'obligation est portée à 16 ans :

	l'accès au secondaire devient la norme).
. 1970	- Création des classes d'adaptation et des GAPP (pour la prévention de l'échec scolaire).
. 1975	- Réforme HABY (la formation en collège devient la même pour tous : même type d'établissement et suppression des filières).
. 1982	- Création des Z.E.P.
. 1989	- Ambition affichée dans une loi d'orientation : 80% d'une classe d'âge au niveau baccalauréat en l'an 2 000.

9. L'essentiel à retenir.

TYPES de démocratisation	OBJECTIFS
Démocratisation **de** l'école (de l'enseignement).	1. **Favoriser**, le plus longtemps possible, l'**accès** au même enseignement pour tous. 2. **Se rapprocher** le plus possible d'un idéal : l'**égalité des chances** de réussite.
Démocratisation (de la société) **par** l'école.	Favoriser le plus possible la **mobilité sociale**.
Démocratisation **dans** l'école.	Assurer le plus possible la **transparence** et l'**équité** dans l'organisation de la vie scolaire.

☑ Voir "40 QUESTIONS-REPONSES".

XV. DISCIPLINE

Le réel est **trop complexe** pour faire l'objet d'un seul **type de questionnement**, pour être appréhendé à partir d'un seul **cadre conceptuel** et d'une seule **méthode** d'analyse. Le savoir s'est donc progressivement organisé en **dissociant** les recherches, en se constituant en disciplines.

Mais le mot discipline, chacun le sait, a un autre sens : il désigne aussi les **règles** qu'il faut respecter, et l'**observance** même de ces règles.

1. Deux sens à RAPPROCHER.

Un même mot recouvre deux notions apparemment sans lien. L'étymologie, pourtant, nous met sur la voie d'un **rapprochement**. Le mot vient du latin « *discipulus* » qui désigne **celui qui apprend**. Or l'apprentissage scolaire nécessite :

- du **côté de l'apprenant**, le respect de règles, l'acceptation de contraintes ;
- du côté des **savoirs**, une organisation rigoureuse.

Loin d'être étrangères l'une à l'autre, les deux notions de « discipline » expriment donc la **double nécessité**, pour apprendre, d'une rigueur **à la fois morale et intellectuelle**.

2. La DISCIPLINE SCOLAIRE.

Lorsqu'il est question de la discipline scolaire, le mot évoque à la fois, de manière ambiguë :

- les **règles** ;
- le **respect** de ces règles ;
- le **pouvoir de discipline** exercé par l'enseignant (pouvoir de contraindre ou de convaincre).

2.1 Différents types de règles.

Observons tout d'abord que la discipline scolaire est constituée par l'ensemble des règles et des normes qui régissent :

- la **vie scolaire** (sécurité, assiduité, ponctualité..) ;

- la relation à l'**enseignant** *(<u>exemples</u> : écouter ce qu'il dit, respecter ses consignes...)* ;
- la relation au **groupe-classe** *(<u>exemples</u> : savoir être solidaire, savoir écouter les autres...)* ;
- l'**apprentissage** *(<u>exemples</u> : être patient, accepter l'effort, corriger ses erreurs, respecter un plan de travail...).*

La discipline **ne se réduit** donc **pas** à un face à face mettant aux prises (parfois jusqu'à l'affrontement) d'un côté le détenteur de l'autorité, et de l'autre des élèves plus ou moins dociles. **Présupposer** que toute discipline est nécessairement le fait de l'enseignant **seul**, et qu'elle est uniquement fondée sur l'**obéissance** à sa personne, revient à méconnaître :

- la valeur disciplinante du **travail** (lorsqu'il est bien organisé, et permet à chacun de comprendre ce qu'il fait et pourquoi il le fait) ;
- la valeur disciplinante des **relations sociales** à l'intérieur du groupe-classe.

> □ **<u>Exemple</u>.**
> *Pourquoi les élèves cessent-ils progressivement, au cycle 3, de dénoncer leurs camarades auprès de l'enseignant ?*
> *Parce que celui-ci **désapprouve** la délation ? Cela ne suffit pas : on le voit bien au CP.*
> *Parce qu'ils ont **compris** que la délation trompe la confiance de l'autre ? Sans doute.*
> *Mais la simple compréhension ne suffirait pas si un véritable **code d'honneur**, liant les membres du groupe, ne s'élaborait pas peu à peu. Ainsi se constitue une forme de discipline dont l'enseignant n'est pas directement à l'origine, même s'il peut la favoriser.*

2.2 Règles et normes.

Les règles ne sont donc pas toutes de même nature, et le respect des règles n'a pas toujours la même signification.
En outre certaines règles n'agissent que par la **force de l'habitude**, et obligent à se conformer à des attentes informulées : ce sont des **normes.**

> □ **Exemple.**
> *Le maître, qui s'épuise parfois à réclamer que les élèves se taisent et soient attentifs, peut se contenter d'un silence relatif, d'une écoute* ***apparente****. Les élèves apprennent, de leur côté, à* ***ruser*** *avec cette règle qui leur est imposée : ils s'habituent alors à bavarder avec discrétion, et à* ***faire semblant*** *d'écouter. En contournant la règle, ils se conforment à une norme : « sauver les apparences » pour ne pas provoquer la colère de l'enseignant. Ils apprennent de la sorte ce que Philippe PERRENOUD appelle « le métier d'élève ».*

2.3 Le pouvoir de discipline.

Voyons maintenant en quoi consiste le pouvoir de discipline chez l'enseignant. Ce pouvoir, ambigu, peut servir des **fins différentes** : aider progressivement l'élève à se passer du maître, ou le maintenir dans une dépendance craintive. Il peut aussi utiliser la contrainte ou chercher à convaincre.

- a) Le pouvoir de contraindre.

Il n'y a pas de discipline sans sanctions, mais distinguons :
- sanction et punition ;
- sanction **matérielle** et sanction **symbolique.**

Le mot sanction évoque la punition matérielle *(exemples : être privé de récréation ; devoir recommencer un travail bâclé...).*
Or sanctionner un travail ou un comportement signifie plus largement récompenser ou punir, et d'une manière générale **marquer**, par une **décision** ou un simple **signe**, qu'on approuve ou qu'on désapprouve, qu'on félicite ou qu'on blâme.
En outre, une réprobation ferme, ou une approbation appuyée, **suffisent** le plus souvent, sans qu'il soit besoin de punitions ou de récompenses matérielles, et sont **préférables** si l'on veut que la discipline ait une valeur éducative au lieu d'être un simple **conditionnement** ou un **marchandage.**
Lorsque l'enseignant inflige une punition qui n'est pas simplement d'ordre symbolique,

il peut le faire :

- pour **dissuader** le fautif de recommencer, et **éviter** que d'autres ne l'imitent (la punition a alors valeur d'**exemple**) ;
- pour **réparer** la faute *(exemple : réparer ce qu'on a abîmé).*

Dans tous les cas, évitons cette forme de punition qui consiste à faire souffrir : la réparation ne doit pas avoir la valeur expiatoire d'un « rachat » [cf. DURKHEIM].

- b) Le pouvoir de convaincre.

Moins la discipline est consentie, et plus les punitions sont nombreuses.

☑ **Voir "AUTORITE ".**

On peut ainsi distinguer, à partir des travaux de LEWIN, trois types de relation éducative et pédagogique :

- l'attitude **autocratique** (l'enseignant veut tout régenter, tout contrôler) ;
- l'attitude **permissive** (l'enseignant s'interdit, par peur ou par faiblesse, de contraindre les élèves à obéir) ;
- l'attitude **démocratique** (l'enseignant permet la discussion et fait comprendre la nécessité de la règle).

Alors que les deux premières attitudes partagent la **même conception** de la discipline comme pouvoir de contraindre (la **seule alternative** possible serait de forcer, ou de renoncer à forcer, la résistance des élèves), la troisième attitude privilégie le pouvoir de convaincre.

Ce pouvoir, cependant, est lui aussi ambigu. En effet, avec un peu d'habileté, il est facile pour l'enseignant d'obtenir que ses élèves consentent à ce qu'il a décidé de façon unilatérale, sans réelle discussion.

□ **Exemple.**

En moins d'une heure, au CM, un enseignant peut réussir (apparemment) à convaincre ses élèves de respecter une liste détaillée d'interdits (« Je ne dois pas bavarder en classe »...). Mais le consentement n'est que ***superficiel*** *et* ***momentané****.*

*Il faudrait prendre le temps d'expliquer ce que sont les **droits des enfants**, montrer notamment ce que signifie concrètement le droit à l'éducation, et **seulement après** éclairer la relation entre droits et devoirs.*

2.4 Organiser le travail.

Reste l'essentiel : **ne pas centrer** la question de la discipline presque exclusivement sur la relation entre maître et élèves.

Posons le problème autrement :

- de quoi l'indiscipline est-elle le **signe** ? (désintérêt, incompréhension, besoin d'agir...?) ;
- comment donner du **sens** à la discipline ? (en permettant aux élèves de chercher et d'entreprendre, de réussir, d'être responsables...).

3. Les DISCIPLINES.

Venons-en à l'autre sens du mot. Une discipline désigne **à la fois** une branche du savoir **savant** et une matière d'enseignement, un savoir **scolaire.**

3.1 Savoir savant et savoir scolaire.

Quel est le **rapport** entre ces deux types de savoir ? Le savoir savant ne se réduit pas au savoir scientifique au sens strict, c'est-à-dire à l'ensemble des connaissances parfaitement démontrables ou vérifiables ; mais il représente un savoir **spécialisé**, élaboré et partagé par des chercheurs. Il n'est donc pas enseignable tel quel *(<u>exemple</u> de spécialisation : des historiens étudient l'histoire des sciences, ou l'histoire de l'économie, ou encore l'histoire des mentalités...).* Le savoir scolaire emprunte certes au savoir savant, mais son élaboration suppose :

- des **choix**, et donc une référence (au moins implicite) à des **valeurs** ;
- une **recherche** sur ce que les élèves, à tel **niveau d'enseignement**, **peuvent** comprendre, et dans quel **ordre.**

□ **<u>Exemple</u>.**
*Que **veut**-on que des élèves de CM apprennent, et que peuvent-ils comprendre, en histoire?*

DISCIPLINE

Peuvent-ils comprendre, par exemple, qu'un ***document*** *est susceptible de faire l'objet de lectures différentes ? Si c'est le cas, est-ce important de développer cette capacité de lecture critique et pourquoi ?*

La **transposition didactique** désigne cette nécessaire **transformation** du savoir savant en savoir scolaire, et l'on voit bien, à travers cet exemple, qu'elle ne se confond pas avec un travail qui serait **uniquement de simplification.** Il s'agit d'abord de déterminer ce qu'il importe d'enseigner, et pourquoi, avant de définir le comment.

3.2 Savoir à enseigner et savoir enseigné.

Le programme détaille l'ensemble des savoirs qui doivent être dispensés dans un cycle d'études. Mais l'enseignant fait nécessairement des **choix**, par exemple en fonction des compétences **réelles** de ses élèves, ou de ce qu'il **juge** important...

□ **Exemple.**
Tel maître, dans le cadre de l'éducation civique, peut chercher à éclairer et à promouvoir les valeurs d' ***autonomie*** *(hygiène, tenue, sens de l'effort et de la responsabilité...) plutôt que les valeurs de* ***solidarité*** *(sens de l'entraide, de la justice, de la tolérance...).*

Distinguons par conséquent :
1. le savoir **savant** (produit par la recherche) ;
2. le savoir **à enseigner** (défini par un programme) ;
3. le savoir réellement **enseigné** (par tel ou tel maître) ;
4. le savoir réellement **appris** (par tel ou tel élève). [cf. Michel DEVELAY].

3.3 Pluri, inter, transdisciplinarité.

Plus les savoirs se sont **spécialisés**, plus les rapprochements et les échanges sont apparus **nécessaires** *(les historiens, par exemple, ont eu besoin d'utiliser la démographie, l'économie, la sociologie...).*

On peut distinguer :
- la **pluridisciplinarité** : simple **juxtaposition** des approches d'un même objet d'étude ;
- l'**interdisciplinarité** : échanges, éclairages **réciproques** ;
- la **transdisciplinarité** : méthodes et concepts **communs.**

Comment ces rapprochements peuvent-ils s'effectuer dans le cadre de l'école ?

- a) au collège et au lycée.
Les disciplines étant représentées par des enseignants différents, des rencontres entre les personnes sont nécessaires (dans le cadre d'un projet commun, d'une co-intervention...). Il faut donc que la notion d'**équipe pédagogique**, souvent bien théorique, devienne une réalité.

□ **Exemples.**
- *Des professeurs d'histoire et de français proposent des explications* ***complémentaires*** *sur le thème de la presse (pluridisciplinarité).*
- *Des professeurs de philosophie et d'histoire apportent, sur la question des droits de l'homme, des éclairages différents mais qui* ***s'enrichissent mutuellement*** *(interdisciplinarité).*
- *Des professeurs de physique et de biologie font apparaître ensemble, mais à travers des expériences différentes, ce qui caractérise la* ***méthode expérimentale*** *(transdisciplinarité).*

Trop souvent les enseignants **supposent** que les élèves sauront faire le **lien** entre les différents savoirs, construire des connaissances et des compétences mobilisables **en dehors** de leur champ disciplinaire, et cela sans aide particulière.

- b) à l'école élémentaire.
Ici, les disciplines étant représentées par **un seul maître** - qui ne peut être « spécialiste de tout »! - les échanges entre les savoirs prennent une autre dimension.
Si le professeur de mathématiques en 6ème, par exemple, peut ignorer en partie les difficultés de lecture de certains élèves, ou se contenter de les déplorer, le professeur d'école, au contraire, sait l'importance des compétences **transversales**,

mobilisables dans des contextes disciplinaires différents.

> □ **Exemple.**
> *Que des élèves échouent en mathématiques, cela, au moins pour une part, peut être dû à une mauvaise lecture des énoncés. Leur apprendre à lire ce* ***type de texte*** *apparaît alors comme une* ***priorité.*** *L'enseignant, à l'école élémentaire, jette ainsi des passerelles entre les disciplines.*

Savoir organiser son travail dans le temps ; savoir corriger ses erreurs ; savoir communiquer ses démarches... : autant de compétences transversales.

☑ Voir **"COMPETENCE"**

De même l'interdisciplinarité et la pluridisciplinarité sont possibles à l'occasion de nombreux apprentissages, car un même **thème** d'étude peut être exploré de bien des manières.

> □ **Exemple.**
> *En éducation civique, au CM, l'enseignant peut aborder la question du racisme en faisant l'historique de l'immigration en France ; en faisant lire un fait divers relaté dans la presse ; en faisant apprendre un poème ou une chanson...*

- Il reste que les élèves ne peuvent construire des compétences transversales « dans le vide » (sans s'approprier des savoirs disciplinaires) [cf. REY].

- Ils ne doivent pas non plus confondre les différentes approches disciplinaires. Or, trop souvent, sous couvert d'échanges entre disciplines, ne reste en réalité qu'une « bouillie fade » où tout se mêle, sans la moindre rigueur conceptuelle ou méthodologique.

Echange ne signifie pas confusion.

XVI. ECHEC

1. RELATIVITE de l'échec scolaire.

Convenons d'abord qu'il n'y a pas d'échec en soi, mais seulement par rapport à **des exigences** ou **des attentes**.
L'échec mesure un **écart** entre un résultat attendu et un résultat effectif.
La notion, à l'école, prend des significations différentes, selon le contexte et les exigences de chacun : élève, parent, enseignant, administration. Echec **de qui**, **pour qui** et **avec qui ?** C'est ce qu'il convient d'analyser en premier lieu.

2. Un PROBLEME COLLECTIF.

La notion ne désigne pas seulement un drame personnel et familial (dans de nombreux cas) ; elle recouvre aussi une réalité complexe qu'il faut situer sur un plan **collectif** et **historique** : l'échec devient un problème lorsque la réussite scolaire est devenue une **nécessité** pour trouver un emploi, et lorsque les fortes inégalités dans les parcours scolaires ne peuvent plus être simplement expliquées par l'inégalité des « dons » (années 60).

□ **Exemple.** *L'objectif affiché (en 1985) des 80% d'accès pour une classe d'âge au niveau baccalauréat en l'an 2 000 pouvait se traduire en termes de* ***demande sociale*** *de réussite.*

3. INEGALITE des CHANCES.

Parce que l'échec scolaire est socialement **sélectif** (touchant davantage les élèves des classes populaires) se pose le problème de l'inégalité des chances.
La **démocratisation** de l'école a pour objectif de compenser ou de réduire cette inégalité.
Il faut distinguer ici l'égalité des **droits**, des **capacités** et des **chances**. Les élèves ont les mêmes droits, et l'école se donne pour **principe** le **droit à la réussite pour tous**, bien que les **capacités** (ou les aptitudes observées) et les **chances de réussite** (mesurées par les statistiques des sociologues) **ne soient pas égales.**

4. CRITERES de L'ECHEC SCOLAIRE.

Quels sont les **critères** de l'échec scolaire ? Est-ce l'**inadaptation** aux exigences de l'école ? Est-ce le **redoublement** (ou le maintien dans un cycle) ? Est-ce l'**orientation** dans une classe spécialisée ? Ou encore l'**abandon** des études sans le moindre diplôme ?
En réalité, les **formes** et les **degrés** de l'échec sont multiples. Et il convient en tout premier lieu de **ne pas réduire** l'échec au simple constat de difficultés qui peuvent être **ponctuelles** et **passagères.**

5. CONSEQUENCES de l'échec.

Le véritable échec signe un aveu d'**impuissance** et se traduit par une **décision d'orientation** vécue comme une sanction. Cet échec patent, reconnu, s'accompagne le plus souvent d'une **autodévalorisation** où peuvent se mêler résignation et révolte. Ainsi l'échec scolaire vécu comme une condamnation est générateur d'agressivité et de violence.

6. LES CAUSES de l'échec scolaire.

Les causes de l'échec scolaire sont également complexes, et touchent aux différents pôles de la relation éducative : l'enfant, la famille, l'école. De la **qualité des relations** entre ces différents pôles, dépend pour l'essentiel la réussite scolaire.

L'échec scolaire, avec ses **multiples composantes**, **psychologiques** (désintérêt, inattention...), **sociales** (pauvreté culturelle, familles à la dérive...) et **pédagogiques** (méthodes inadaptées, démobilisation des enseignants...) est toujours une situation **singulière** et s'inscrit dans une **dynamique**, une trajectoire propre à chacun.

Il se joue en effet dans un **contexte** d'apprentissage où l'élève a un **passé scolaire**, une conscience plus ou moins forte de sa situation (**l'image de soi** est déterminante), et des **relations** particulières avec l'enseignant et le groupe.

Cessons, par conséquent, pour expliquer une situation d'échec, d'imaginer des « causes » produisant mécaniquement des effets. Pas de fatalisme, ici, mais des stratégies d'acteurs **en situation** (élève, enseignant, parents...), dans un contexte où jouent de nombreux facteurs.

7. PREVENTION et TRAITEMENT de l'échec scolaire.

Le rôle de l'école dans la **prévention** de l'échec est d'abord de proposer une pédagogie différenciée s'occupant de manière **spécifique** des élèves en difficulté.

Lorsque les difficultés sont installées et durables, il faut faire appel à un **réseau d'aides spécialisées** aux élèves en difficulté (R.A.S.E.D.) qui est un dispositif permettant l'intervention d'un **psychologue scolaire**, d'un **rééducateur spécialisé,** ou encore **d'un maître spécialisé** (dit maître E) intervenant dans une classe d'**adaptation.**

Seul l'échec sévère, lié à l'existence d'un **handicap** reconnu, peut conduire à une décision d'orientation dans une classe spécialisée ou un établissement spécialisé (C.L.I.S., I.M.E...).

8. INADAPTATION et HANDICAP.

Enfin, il importe de ne pas confondre deux notions essentielles qui recouvrent des réalités différentes :

- l'**inadaptation** s'inscrit dans un **comportement** (inhibition ou agressivité ; manque de motivation ; lenteur extrême dans le travail ; instabilité émotionnelle ; manque de confiance en soi...).
Un projet pédagogique individualisé fixe des objectifs d'adaptation pour éviter l'échec scolaire ;
- le **handicap** – désavantage plus ou moins sévère, résultant d'une **déficience** – conduit à une orientation décidée par une commission spécialisée, ou à un **projet d'intégration** (individuel ou collectif) lorsque l'élève peut progresser dans un milieu scolaire ordinaire.

Pour plus d'informations, se reporter à l'ouvrage du même auteur, complémentaire à celui-ci, *« 40 questions-réponses »*.

XVII. ECOLE

1. Des SENS DIFFERENTS.

L'école est devenue l'objet d'un **débat public passionné** - ce qui, en démocratie, est à la fois légitime et nécessaire -, mais l'emphase, les slogans, les formules à l'emporte-pièce, tiennent trop souvent lieu d'arguments. Peut-on valablement affirmer, par exemple, que l'école n'est pas assez ouverte aux parents, ou qu'elle ne prépare pas suffisamment à un emploi, sans donner au mot école un sens précis ?

Notons d'abord que le même mot prend un sens différent selon qu'il s'agit :

- d'un **établissement** particulier *(exemple : « le conseil d'école »)* ;
- de l'institution chargée **uniquement** des enseignements pré-élémentaires et élémentaires *(exemple : « les professeurs d'école »)* ;
- du **système éducatif** considéré dans son **ensemble**, avec ses finalités et son organisation *(exemple : « la démocratisation de l'école »)*.

Il est par conséquent indispensable, pour donner au débat plus de clarté :

- de mettre en évidence les caractéristiques **essentielles** de l'école (qu'il s'agisse de l'école maternelle ou de l'université) ;
- de repérer les **spécificités** de chaque **type** ou de chaque **degré** d'enseignement (l'enseignement professionnel est différent de l'enseignement général, l'école maternelle diffère de l'école élémentaire...).

2. Le CONCEPT d'école.

Pour qu'il y ait école, il faut :

- que des **savoirs** bien identifiés fassent l'objet d'un enseignement **méthodique** (ce qui suppose une progression et une évaluation des apprentissages) ;
- que cet enseignement soit **collectif** ;

- qu'il soit assuré par des personnes ayant une **compétence professionnelle reconnue.**

Donc, même si on a pu trouver utile de parler d' « **école parallèle** » pour désigner des apprentissages qui s'effectuent de manière informelle (sans objectifs ni évaluation) - par le biais des médias, dans la rue... -, il y a là un glissement de sens fort dommageable car il **ne suffit pas** qu'il y ait apprentissage pour qu'il y ait école. Bien des savoirs, en effet, sont **appris en dehors de l'école**, et celle-ci n'a pas toujours été nécessaire.

D'une manière générale, une société a seulement besoin, pour assurer les conditions de son **renouvellement**, que les jeunes générations puissent s'approprier les savoirs, savoir-faire et savoir-être jugés **essentiels.** S'il n'y a pas de société sans éducation, il peut donc y avoir société sans école ; autrement dit l'école n'est qu'une manière **particulière** d'assurer cette éducation nécessaire, lorsque les apprentissages sont trop **complexes** pour ne pas être pris en charge par une **institution spécialisée.** Car, si les enfants peuvent apprendre des gestes et des techniques simples, des croyances et des coutumes, etc., au seul contact des adultes, sans être **isolés** de la vie sociale et économique, cela n'est plus possible lorsqu'il s'agit de leur apprendre à lire, à écrire et à compter [cf. DURKHEIM].

3. L'école : une INSTITUTION et un SYSTEME.

3.1 Une institution.

L'organisation d'un enseignement collectif prend la forme d'une institution qui :
- a une **histoire ;**
- obéit à des **règles** ;
- exige des **dépenses** de fonctionnement ;
- utilise des personnels **qualifiés** ;
- entretient des **relations** avec l'environnement social et économique, mais bénéficie aussi d'une **autonomie** et ne subit donc pas simplement des influences extérieures ;

3.2 Un système.

Dans sa réalité concrète, l'école est constituée par de nombreux **établissements** qui proposent des enseignements différents. Pourtant, si les types et les degrés d'enseignement diffèrent, c'est à l'intérieur d'un **ensemble** dont les éléments ne sont pas indépendants mais apparaissent organisés en fonction d'une **politique éducative commune.**

> □ **Exemple.**
> *La* ***finalité*** *de l'école élémentaire n'est plus aujourd'hui de donner la culture générale nécessaire avant l'entrée dans la* ***vie active*** *pour une majorité d'enfants ; elle est de préparer* ***pour tous l'entrée au collège*** *avec les meilleures chances de réussite.*
> *Le prolongement jusqu'à 16 ans de la scolarité obligatoire n'a pas seulement bouleversé l'enseignement secondaire - devenu la norme - mais aussi,* ***en amont****, l'école élémentaire, sommée de modifier en partie ses contenus et ses méthodes.*
> *Ainsi, par exemple, les élèves ne peuvent plus apprendre à lire* ***en se contentant*** *d'une lecture oralisée, car ce n'est plus seulement pour la vie courante qu'ils auront besoin de lire (courrier, affiches...) mais aussi* ***pour se cultiver****, dans le cadre d'une formation initiale puis continue.*

4. Socialisation FAMILIALE et socialisation SCOLAIRE.

L'institution scolaire, dont la **fonction** essentielle est de dispenser **collectivement** savoirs et savoir-faire, a aussi une fonction de **socialisation.**

Ce terme, très utilisé aujourd'hui, est ambigu. Dans son sens courant, il désigne (lorsqu'il s'agit de l'école) le fait que les élèves apprennent à **vivre en collectivité**. Ils apprennent :

- la **civilité** (le respect des usages, la conformité à des normes établies) ;
- la **sociabilité** (le respect des autres).

La socialisation est donc comprise comme un **processus d'intégration** de l'individu dans un **milieu social** (l'école) ou dans un **groupe** (la classe).
Trois remarques sont ici nécessaires pour dissiper des malentendus possibles.

Remarque 1. L'enfant n'a pas attendu l'école pour apprendre à se conformer à des normes sociales. La famille, bien que très différente de l'école, est **aussi** une institution **sociale**. Se pose alors la question de la spécificité de ces **deux formes de socialisation.**

□ **Exemple.**
*L'enfant est souvent **autre** dans sa famille et à l'école, comme le philosophe ALAIN l'a bien montré. Car un comportement s'inscrit dans un **contexte**, et les deux institutions ne se ressemblent pas. C'est pourquoi, par exemple, l'enseignant aurait tort de se mettre en colère comme le font les parents, **personnellement affectés** par l'attitude de leurs enfants.*
*À l'école, la **mise à distance des sentiments** est à la fois plus facile et nécessaire, pour que l'élève puisse apprendre en toute **sérénité**.*
*La relation d'autorité devrait donc s'exercer avec **fermeté** (sans tergiversation ni remords) mais aussi avec **indulgence** (sans ressentiment).*

- **Deux formes de socialisation :**

Dans la famille	A l'école
- Un groupe **restreint**, où des **sentiments forts** donnent souvent lieu à des exaspérations, des rancoeurs, des attentes excessives, etc. - Les normes restent **implicites.** - L'enfant occupe un **rang** dans la fratrie. - Ni objectifs clairement définis, ni évaluation précise.	- Des élèves **nombreux** mais d'âge à peu près **égal** dans le groupe-classe, où chacun a les mêmes droits et les mêmes devoirs. - Des règles et des objectifs **définis** (même s'il reste une part d'implicite). - Une évaluation qui se veut **rigoureuse.**

Remarque 2. La socialisation de l'enfant, du point de vue **psychologique**, ne signifie pas qu'un moi tout constitué, et parfaitement conscient de lui-même, irait à la rencontre des autres.

Au contraire, l'enfant est **d'emblée** un être social, agissant et réagissant en fonction d'autrui (parent, frère ou soeur...). « **Immergé** » dès la naissance dans ce monde social, et d'abord dans le groupe familial, il va progressivement **prendre conscience à la fois de lui-même et des autres** (ce qui suppose une **distance** par rapport à ce qu'il vit - émotions, sentiments... -, et par rapport aux **différents** groupes auxquels il appartient).

□ **Exemple.**
Le langage, qui joue un rôle décisif dans le développement cognitif en organisant notre représentation du monde selon des ***catégories*** *- l' « action » et son « sujet » par exemple -, est* ***d'abord social*** *avant d'être individuel, et la pensée est un langage* ***intériorisé*** *[cf. VYGOTSKI].*

Remarque 3. Après avoir distingué le sens **moral** et le sens **psychologique**, il reste encore à souligner que l'**autonomie** et la **socialisation** sont deux finalités éducatives complémentaires. La socialisation qui a **valeur éducative** ne correspond :
- ni à une simple **fusion** dans le groupe (impliquant dépendance et irresponsabilité) ;
- ni à la seule **adaptation** à des normes sociales (impliquant soumission et conformisme).

□ **Exemple.**
L'école maternelle, qui « scolarise » et « socialise » les enfants en même temps qu'elle construit les premiers apprentissages, n'évite pas une part importante de ***conditionnement****, notamment chez les « petits » (entre 2 et 4 ans) qui doivent apprendre :*
1) A accepter la ***coupure*** *avec la famille et à se* ***familiariser*** *avec une institution ayant ses normes et ses règles, ses rituels, ses rythmes, son organisation du temps et de l'espace (c'est là le processus de* ***scolarisation*** *proprement dit).*

*2) A s'adapter au **groupe** et à respecter **les règles** de la vie en commun (ce qui est un processus de **socialisation**).*
*Mais cette double fonction **normative** de l'école maternelle n'est pas séparable d'une **intention éducative** à long terme : construire l'autonomie des élèves.*

☑ Voir "AUTONOMIE".

En résumé :

- La **scolarisation** (l'adaptation de l'enfant à l'école, **mais aussi** de l'école à l'enfant) et la **socialisation** (l'acceptation des règles communes garantissant l'autonomie de chacun, et l'**intériorisation** progressive de ces règles) sont deux processus ayant une valeur éducative.
- L'éducation scolaire correspond, mais pour une part seulement, à ces deux processus : sa fonction première, ne l'oublions pas, est d'aider les élèves à **s'approprier une culture.**

5. L'école : un lieu d'INTEGRATION.

Le mot intégration, qui désigne (dans son sens courant) le processus par lequel un élément **entre** dans un ensemble **organisé**, peut avoir plusieurs significations lorsqu'il s'agit de l'école.

5.1 Premier sens.

L'école, dans ses finalités et son fonctionnement, est **la même** pour **tous** les enfants, quelles que soient leurs origines sociales et culturelles. Elle ne fait pas appel à des expériences, des croyances, des sentiments particuliers, mais à la **raison commune**, pour unir et **rassembler** en faisant **partager** les mêmes savoirs et les mêmes valeurs.

Ce faisant, elle intègre à la fois les élèves :

- à **la communauté humaine** (car seule une culture permet à chacun d'accéder à l'humain) ;
- à une communauté **politique et juridique**, fondée sur la reconnaissance des droits de l'homme et du citoyen.

☑ Voir "CITOYENNETE".

5.2 Deuxième sens.

La question de l'intégration des enfants **d'origine étrangère** s'inscrit dans le cadre de cette problématique générale, mais prend une **dimension particulière** dans une société où la **diversité culturelle** est de plus en plus grande.

L'école doit à la fois :

- prendre en considération cette diversité ;
- éviter de surestimer et de juxtaposer les différences, et montrer, au contraire, au-delà d'elles, ce qui peut nous **rassembler** (un projet commun) et ce par quoi nous nous **ressemblons.**

Il convient également que des dispositions **spécifiques** soient prises pour que les chances de réussite scolaire de ces enfants soient réelles.

> □ **Exemple.**
> *Le processus d'intégration des enfants étrangers non francophones suppose, bien évidemment, qu'une bonne maîtrise du français soit assurée dans les meilleurs délais. Pour le premier degré en particulier, ont été prévues des* ***structures d'accueil*** *pour les enfants nouvellement arrivés en France, sous la forme :*
> *- de* ***cours*** *de rattrapage (quelques heures par semaine) ;*
> *- de* ***classes*** *d'initiation (aux effectifs réduits).*

5.3 Troisième sens.

Enfin, l'intégration scolaire des enfants et adolescents **handicapés** représente à la fois :

- une **procédure** qui s'inscrit dans un cadre juridique précis ;
- un **processus** qui implique la participation de nombreux partenaires.

- a) Une procédure.

La loi du 30.06.75, prolongée et confirmée par la loi de février 2005, en faveur des personnes handicapées, fixe comme **objectif prioritaire** l'intégration en milieu scolaire **ordinaire** - chaque fois qu'elle est possible - des enfants ou adolescents **reconnus** handicapés (par une commission spécialisée).

- b) Un processus.

Cette intégration :

- n'est pas une action ponctuelle

mais l'**aboutissement** d'un travail **collectif** mettant à contribution de nombreux intervenants (enseignant, médecin, psychologue...) ;
- est une réponse à un problème **singulier**, et s'effectue de ce fait selon des modalités très variées, adaptées à chaque cas et précisées dans une **convention.**

☐ **Exemples.** ***(modalités d'intégration).***
L'intégration peut être :
- ***individuelle*** *(exemple : un enfant trisomique intégré dans une classe d'école maternelle) ;*
- ***collective*** *(exemple : au lieu d'être accueillis dans un institut médico-éducatif, des enfants déficients intellectuels moyens sont intégrés dans une école ordinaire, mais regroupés dans une classe dite d'intégration scolaire);*
- ***à temps plein*** *(exemple : un enfant déficient auditif moyen est intégré dans une classe ordinaire de l'école élémentaire) ;*
- ***à temps partiel*** *(exemple : pour le Français).*

Surtout, cette intégration doit correspondre à un **projet individualisé**, permettant de définir des objectifs précis avec l'**accord de la famille**.

☐ **Exemple.**
Une ***convention*** *est passée entre la famille d'un enfant handicapé, l'école d'accueil et l'inspection de l'éducation nationale. En signant cette convention, la famille accepte les conditions concrètes de l'intégration et se trouve* ***associée à un projet*** *à la fois éducatif, pédagogique et thérapeutique.*

6. L'école : un « LIEU DE VIE »?

6.1 Un flou sémantique.

L'expression « lieu de vie » peut signifier à peu près tout ce qu'on veut. Lorsqu'il est question des rapports entre l'école et la vie, elle est invoquée - parfois de manière incantatoire - pour exiger que l'école ne soit pas seulement une **préparation** à la vie.
Mais de **quelle vie** parle-t-on ? De la vie affective et relationnelle ? De la vie sociale

et professionnelle ? De la vie culturelle ? Et s'agit-il bien de la vie **réelle**, avec sa part de hasard, d'injustice, de violence, etc., ou d'une vie **idéalisée** ?

6.2 Une séparation nécessaire.

L'étymologie du mot école (du latin "*schola*" qui désigne le temps **réservé au loisir studieux**) nous rappelle la signification profonde de l'institution scolaire : elle est nécessairement un **monde à part,** loin des urgences vitales et des contraintes économiques, là où travailler n'est pas une nécessité pour vivre mais un moyen de se cultiver. Dans ce monde où les enfants ont été volontairement **séparés** de la société des adultes, peuvent s'organiser des apprentissages méthodiques, **sans finalité pratique immédiate**. Les élèves ne sont donc pas confrontés au monde réel, à l'imprévisibilité et à l'injustice de la vie, mais à un monde **abstrait**, coupé de l'expérience quotidienne.

Les problèmes scolaires, en ce sens, ne sont pas de vrais problèmes, souvent résolus **dans l'urgence** et sans que le **droit à l'erreur** soit possible, mais des problèmes **préparés** pour donner lieu à la construction de savoirs bien définis.

6.3 Quels rapprochements possibles?

Le courant dit « des pédagogies nouvelles » a critiqué cette école qui aurait trop voulu se fermer sur elle-même. Mais, au-delà de la formule convenue - ne pas séparer l'école et la vie - quelles **significations concrètes** peut-on prêter à cette demande ?

- **Premier sens.**

La « vie » est pensée comme ensemble de **relations** avec les autres, dans un milieu social. Notons alors que les élèves n'apprennent pas à l'école uniquement ce qui est formellement prévu par les programmes, mais aussi, par exemple, l'ambition, la patience, la modestie, l'admiration, et également la peur, l'envie... L'école (la classe en particulier) est bien un milieu social et un lieu de vie.

- **Deuxième sens.**

La « vie » désigne le **monde social du travail**,

de la production et des échanges. Il faut rappeler, dans ce cas, que l'école a d'abord pour finalité de former des esprits cultivés, et non de préparer **directement** à tel ou tel emploi. C'est vrai, bien entendu, pour l'école élémentaire, mais aussi pour le collège, le lycée et l'université, à condition de distinguer formation **générale** et formation **professionnelle** (il est tout à fait légitime, par exemple, que le monde de l'entreprise participe à la formation lorsqu'il s'agit d'un baccalauréat professionnel).

Dans le cadre de l'enseignement général, l'école n'a pas vocation à rapprocher le travail scolaire du travail social, avec ses divisions et ses impératifs de rentabilité. Les élèves ne « produisent » rien (au sens économique du terme) et c'est pourquoi leur travail n'est pas rémunéré, mais l'enseignant peut faire en sorte qu'ils **se plaisent à travailler** *(en découvrant, par exemple, la joie de conduire à terme un projet valorisant).*

• Troisième sens.
La « vie » est opposée à la connaissance :
- comme le **concret** à l'abstrait ;
- comme ce qui **s'éprouve** directement (le sentiment, l'évidence) à ce qui résulte d'un travail de réflexion.

Notons cette fois que le rôle de l'école est de former le **jugement**, donc de prendre une distance critique par rapport à ce qui est simplement vécu ou expérimenté.

□ **Exemple.**
Dans le cadre du temps scolaire, des élèves lisent un journal, regardent une émission de télévision, votent pour désigner des délégués... Pour que ces activités, qui rapprochent l'école de la vie quotidienne, aient un sens éducatif et pédagogique, elles doivent faire l'objet d'un ***questionnement*** *et d'une* ***analyse****, à travers une démarche qui s'ancre dans l'expérience mais ne s'y* ***réduit*** *pas.* ***Relier*** *expériences, connaissances et réflexion sur les valeurs, est la véritable ambition d'une pédagogie dite active.*

7. Une école « OUVERTE »?

7.1 Des formes multiples d'ouverture.

Pour ceux - DECROLY et FREINET, par exemple - qui ne veulent pas d'une séparation entre l'école et la vie, l'« ouverture » de l'école est nécessaire. Mais sous quelles **formes**, et dans quelles **conditions** ? En somme : ouverture **à qui** ? **Sur quoi** ? Et **pour quoi faire** ?

□ **Exemples.**

Une école :

- organise une « journée portes ouvertes » pour faire comprendre aux ***parents*** *le fonctionnement de l'établissement ;*

- permet à certains parents de participer à une « sortie pédagogique » ;

- utilise ***la presse*** *pour faire connaître et valoriser ses activités pédagogiques ;*

- fait appel à une ***association*** *qui milite pour la protection de la nature, afin qu'elle contribue à la réalisation d'un projet d'action éducative ;*

- sollicite la ***municipalité*** *pour obtenir que le maire reçoive les élèves d'une classe et réponde à leurs questions (dans le cadre d'une éducation à la citoyenneté).*

On voit, à travers ces quelques exemples, que l'ouverture peut prendre des formes très différentes. Distinguons :

- a) L'ouverture à des partenaires.

Le partenariat, terme très utilisé aujourd'hui, signifie - dans le domaine de l'éducation - qu'une action présentant un intérêt éducatif ou pédagogique fait l'objet d'une **concertation** entre l'école et :
- les parents, membres de la communauté éducative ;
- les collectivités locales ;
- les associations ;
- les entreprises...

- b) L'appel à des intervenants extérieurs.

Ces intervenants, qui peuvent être aussi des parents, des membres de diverses associations, etc., jouent un rôle éducatif pour certaines activités (activités artistiques, E.P.S....)

ECOLE

mais **ne se substituent pas** à l'enseignant qui garde l'entière responsabilité pédagogique de sa classe.

- c) L'ouverture sur l'environnement.
Elle peut se faire par exemple dans le cadre d'un projet d'action éducative impliquant plusieurs partenaires, mais suppose, d'une manière générale, une **pédagogie** *(exemple : pour étudier la fabrication du pain, des élèves* ***observent*** *le travail du boulanger et l'****interrogent*** *sur son métier).*
L'environnement peut être géographique, culturel, socio-économique, etc.

7.2 Eviter les dérives.

Si l'école s'ouvre à un partenariat, c'est à la condition de :

- favoriser les **apprentissages** (et non les intérêts de tel ou tel) ;
- respecter ses principes et ses **valeurs** *(exemple: la laïcité) ;*
- s'assurer que les intervenants ont les **qualifications** requises.

L'ouverture doit donc être **maîtrisée.**

XVIII. EDUCATION

1. DEFINITION.

La notion d'éducation se prête à des acceptions différentes, et cette ambiguïté contribue en partie à nourrir des **polémiques**, parfois stériles, sur le rôle de l'école.

Le terme éduquer vient du latin "*educare*" qui signifie élever, **faire grandir**. La finalité de l'action éducative est de susciter des conduites, des **savoir-être**.
L'éducateur veut **faire comprendre pour faire agir**, et exerce de ce fait une influence sur une personnalité qu'il contribue à former. Il cherche essentiellement à favoriser l'épanouissement personnel et l'intégration sociale de l'enfant.

2. INSTRUCTION.

Instruire signifie dispenser des connaissances, faire acquérir savoirs et savoir-faire. La question se pose alors de savoir si l'instruction **suffit** à définir la fonction d'enseignement.

3. Deux THESES OPPOSEES.

Deux thèses s'opposent.
L'une, se référant au modèle universaliste de l'école républicaine, rappelle que l'école s'est construite **en se coupant volontairement de l'environnement et des familles**, pour **soustraire les élèves** aux poids des particularismes et à toute forme d'embrigadement ou d'endoctrinement. Dès lors le rôle de l'école serait uniquement de former des hommes instruits, c'est-à-dire aptes à exercer un **jugement éclairé** par des connaissances bien assimilées.

L'autre thèse souligne que les maîtres ne sont pas seulement porteurs d'universalité mais aussi membres d'une **communauté éducative** qui réunit parents et enseignants.

4. Comment s'y retrouver ?

Reconnaissons d'abord que cette **tension** entre l'exigence d'universalité et l'exigence de **diversité** (gestion de l'hétérogénéité, prise en compte des situations concrètes) est constitutive de l'école.

La **finalité** de l'école n'est pas de faire vivre le quartier ni de se substituer à des parents défaillants, mais de transmettre une culture valable pour tous.
En même temps, elle ne saurait ignorer les conditions particulières qui rendent **possible** l'acte même d'enseigner. En effet, sans le respect de soi et des autres, le respect des règles qui permettent d'**apprendre ensemble** et le respect d'un patrimoine culturel, aucune instruction n'est possible.

Pour y voir clair, distinguons d'abord **deux types d'éducation :**
- l'éducation assurée par les **familles** ;
- l'éducation assurée par l'**Etat**, donc publique.

Distinguons ensuite deux manières de **concevoir** la notion d'éducation publique :
- dans un premier sens, éduquer serait utiliser une **institution publique** pour imposer des opinions, des croyances ou des valeurs **particulières**. Il est bien évident, dans ce cas, que le rôle de l'école n'est pas d'éduquer. Ce serait empiéter sur les **prérogatives des parents** et **endoctriner** les enfants [cf. CONDORCET].
- dans un autre sens, éduquer ne signifie plus endoctriner, mais seulement influencer l'élève que l'on veut former. Si cette influence est **respectueuse** de la personne et se fonde sur des valeurs **universelles**, il devient légitime d'éduquer à l'école (*exemple : apprendre à respecter l'environnement).*

5. L'EDUCATION CIVIQUE à l'école.

Mais que peut être une véritable éducation morale et civique à l'école, avec des objectifs spécifiques ?
Force est de constater qu'elle se réduit souvent à une simple **exhortation à bien faire**, à travers des **exemples**. Or l'exemple **ne peut fonder** la moralité : il ne peut qu'illustrer et encourager. Et l'exhortation ne peut conduire qu'à l'obéissance passive.

L'éducation morale et civique **relie** connaissances et valeurs, pour amener les élèves à une conduite **éclairée** et **responsable.**

□ **Exemple.** ***La notion de solidarité.***
*Il ne s'agit pas d'exhorter les élèves à vaincre l'égoïsme, mais de faire comprendre que nous sommes **de fait** solidaires les uns des autres (chaîne des travaux et des services, et aussi chaîne des générations). La solidarité se manifeste également par des **institutions** et des **droits** (sécurité sociale, R.M.I....).*
*La notion est ainsi **éclairée**, pour que les élèves apprennent à la fois :*
- qu'on ne peut se passer des autres ;
- qu'on peut venir en aide aux autres et y trouver une forme d'accomplissement personnel.

□ **Exemple.** ***Apprendre les mathématiques.***
*Apprendre les mathématiques c'est aussi, pour l'élève, **apprendre le sens de l'objectivité**, de ce qui vaut pour tous ; c'est apprendre le sens de la rigueur, et l'autonomie qui permet de vérifier son propre calcul. **Les valeurs d'autonomie et de socialisation sont au coeur de l'instruction**.*

□ **Exemple.** ***Apprendre l'histoire.***
*De même, apprendre l'Histoire, ce n'est pas seulement structurer les évènements dans le temps mais c'est aussi **prendre conscience d'un idéal d'objectivité et d'une mémoire collective** où s'enracine le sentiment d'appartenance à une communauté.*

□ **Exemple.** ***Faire respecter des règles de conduite.***
***Comment enseigner sans faire respecter des règles de conduite** (sécurité, hygiène, ponctualité, tenue, ténacité...)? A ceux qui croient que la morale est démodée, ou qu'elle est relative à chacun, il faut rappeler que **la morale est constitutive de la vie même de la classe** où on ne peut ni tout accepter, ni penser que tout se vaut.*

☑ Voir "40 QUESTIONS-REPONSES".

XIX. ELEVE

1. Des INTERROGATIONS.

Elève, apprenant, enfant, écolier : les termes semblent interchangeables. En effet :

- a) L'élève est celui qui apprend grâce à l'enseignement d'un maître : un **apprenant** par conséquent.

- b) Cet apprenant est **aussi**, à l'école maternelle et élémentaire, **un enfant** avec ses centres d'intérêt, ses besoins, ses expériences, ses connaissances...

- c) Enfin, cet enfant dont la vie se passe, pour une part importante, dans une institution qui a ses règles et sa fonction sociale, est également un **écolier.**

Pourtant :

- a) Il y a bien des manières d'apprendre **en dehors de l'école**. L'apprenant n'est donc pas nécessairement un écolier et un élève. Il peut très bien aussi ne pas être un enfant. Quelles sont alors les **spécificités** de l'apprentissage scolaire ?

- b) Lorsque l'élève est un enfant, celui-ci n'est **pas seulement** un élève. Qu'est-ce donc qu'une pédagogie **centrée sur l'enfant** - comme c'est le cas en maternelle - plutôt que sur l'élève ?

- c) Dire que l'élève est le plus souvent un écolier, ne suffit pas. Quel **statut** - quels rôles, quels droits et quels devoirs - lui reconnaissons-nous?

2. Pédagogie centrée sur L'ENFANT et sur L'ELEVE.

La pédagogie de l'école maternelle est centrée sur l'enfant. Cela veut dire qu'elle cherche avant tout à **répondre à des besoins** - besoin de jouer, de manipuler, de se déplacer, etc., - et à **favoriser le développement** de l'enfant dans ses principales dimensions (le langage, la psychomotricité, la relation aux autres, l'intelligence, la structuration du temps et de l'espace...). Cette pédagogie est donc à la fois **fonctionnelle** et **globale**.

Une pédagogie centrée sur l'élève n'ignore pas l'enfant, bien entendu, mais prend d'abord en considération la nécessité, pour l'élève, d'une **appropriation** rigoureuse **des savoirs** fondamentaux (lire, écrire, compter...).

ỉ **Tableau comparatif.**

A. Pédagogie centrée sur l'enfant (école maternelle)
• Importance de l'**accueil** et de la liaison école-famille.
• Prise en considération des **besoins** (et notamment du besoin de **jouer**).
• Rôle des **rituels** et de tout ce qui favorise la prise de **repères** (temps-espace).
• Apprentissages construits, **structurés** (avec définition d'objectifs et évaluation des progrès) et non pas improvisés ; mais **pas encore systématiques** (*exemples : approche du nombre à travers des activités multiples ; découverte des fonctions de l'écrit...).*
• Proposition d'une **gamme très variée d'activités** réparties en « domaines » : vivre ensemble, s'exprimer, découvrir, imaginer, produire.
• **Aménagement** de la classe pour favoriser les activités **en petits groupes** et les **déplacements.**
• Activités **motivées** par l'exploitation d'un **centre d'intérêt** *(exemples : la fête de Noël, l'arrivée du printemps, un conte...)* ou la réalisation d'un **projet** (exposition, spectacle...).
En résumé : une pédagogie sans programmes disciplinaires, sans notes ni classements, sans manuels ; et qui propose des situations d'apprentissage variées, permettant d'observer, d'accompagner, de guider et parfois de diriger les activités des enfants, ceci dans le but d'atteindre des objectifs bien définis.

B. Pédagogie centrée sur l'élève, c'est-à-dire sur l'apprenant (école élémentaire).
• Etablissement d'une progression rigoureuse

pour favoriser l'apprentissage **systématique** de la lecture, de l'écriture, du calcul...

• Organisation des savoirs relevant progressivement d'un **découpage disciplinaire** (essentiellement au cycle 3). La démarche pédagogique privilégiée, pour que les élèves **maîtrisent** les concepts et les méthodes propres aux différentes disciplines, est celle qui permet d'observer, de faire des hypothèses, de contrôler, d'expérimenter... (démarche **inductive** avant d'être déductive).

• Attention particulière prêtée aux **modes de raisonnement**, aux **stratégies** d'apprentissage, aux **conceptions préalables**, aux difficultés rencontrées...

• Effort systématique pour aider les élèves à **se motiver**, à **organiser** leur travail, à **évaluer** leurs progrès...

En résumé : une pédagogie axée sur le **rapport** que les élèves entretiennent avec les **savoirs**.

3. Quel STATUT et quels ROLES pour l'élève ?

Quels rôles, quels droits et quels devoirs, l'enseignant reconnaît-il aux élèves ?

S'il s'agit de l'**apprenant**, est-il considéré d'abord comme celui qui doit apprendre ce qu'il ne sait pas - accéder à **une culture qu'il ne crée pas** - ou plutôt comme celui qui construit ses savoirs ?

S'il s'agit de l'**enfant,** est-il perçu essentiellement comme celui à qui la maturité (intellectuelle, morale, sociale) de l'adulte **fait défaut**, ou plutôt comme une personne à part entière, ayant des droits qu'il faut **respecter** et des besoins spécifiques auxquels l'enseignant doit **s'adapter** ?

S'il s'agit de l'**écolier,** voit-on surtout en lui l'enfant qui doit **respecter** un règlement et accepter des contraintes multiples, ou l'**apprenti-citoyen** capable d'expérimenter des formes de démocratie dans le cadre de la vie scolaire ?

4. Deux conceptions différentes.

Deux conceptions de l'élève apparaissent légitimes et pourtant antagonistes.

4.1 L'élève : celui que l'enseignant veut élever.

L'élève reçoit **en héritage** une culture qu'il doit assimiler et qu'il n'a pas à inventer. Pour simplement **s'humaniser**, il lui faut se hausser au-dessus de lui-même : c'est seulement en accédant à des vérités et des valeurs acceptables par tous qu'il pourra réellement s'intégrer dans la **communauté des hommes** et **se libérer** de toutes les formes de tutelle (opinions, modes, conformismes de toutes sortes...). Mais, parce qu'il n'a pas la maturité de l'adulte, l'autorité d'un maître lui est nécessaire pour **bâtir son autonomie** sur les plans intellectuel et moral [cf. ALAIN].

4.2 L'élève : un sujet qui se construit.

Le savoir est toujours le fruit d'une appropriation **personnelle**, d'un effort de compréhension - impossible à éluder - et l'élève ne peut construire ses savoirs sans mobiliser et réorganiser des connaissances acquises en partie hors de l'école.

☑ Voir "CONNAISSANCE".

Une pédagogie centrée sur l'élève (ses difficultés de compréhension, ses stratégies d'apprentissage...) et non pas d'abord sur les savoirs à enseigner, prend donc en considération un **sujet** (avec sa perception de lui-même, son rapport aux autres, ses besoins...). Sur le plan des apprentissages comme sur le plan social, l'élève est perçu comme l'**acteur** de son propre développement, même s'il est guidé par un maître.

4.3 Tableau récapitulatif.

Conception de l'élève/ Différentes dimensions	Celui qu'on élève.	Un sujet qui se construit.
Comme apprenant	Hérite d'une culture qu'il n'a pas à inventer mais à assimiler.	Ne peut s'approprier un savoir sans le construire à partir de ce qu'il connaît déjà.

Conception de l'élève/	Celui qu'on élève.	Un sujet qui se construit.
Comme enfant	A vocation à devenir un adulte autonome, mais son apprentissage requiert une autorité ferme et des modèles.	Ne doit pas être perçu négativement (par rapport à l'adulte qu'il n'est pas encore) mais positivement (avec ses droits et ses besoins spécifiques).
Comme écolier	Doit respecter les règles d'une institution dont la fonction sociale est en même temps d'instruire et d'éduquer.	Peut s'initier à la démocratie dans le cadre de la vie scolaire, en exerçant ses droits d'apprenti-citoyen.

5. Un EQUILIBRE à trouver.

Il s'agit, pour l'enseignant, non pas de faire la synthèse théorique de ces deux conceptions, mais d'inscrire son **action**, en toute lucidité, dans une **tension** entre ces pôles antagonistes [cf. L. NOT].

5.1 Tension entre « sujet » et « objet ».

Les savoirs consignés et répertoriés ont une réalité **objective**. Pourtant, il n'y a de **sens**, ou de compréhension, que pour un sujet.
Le savoir de l'élève représente un effort d'appropriation **personnelle** d'une culture **préexistante**. L'enseignant devrait donc s'efforcer de percevoir l'apprenant :
- ni comme un « sujet » construisant ses savoirs et réinventant seul la culture ;
- ni comme un « objet » façonnable à volonté ;
- mais comme le **partenaire actif d'une relation** où celui qui ne maîtrise pas encore les savoirs est **guidé**, dans son cheminement propre, par celui qui les maîtrise **déjà**.

□ **Exemple.**
Pour ***comprendre*** *un texte, il faut pouvoir mobiliser beaucoup de connaissances (linguistiques et extra-linguistiques) déjà acquises. Le lecteur* ***ne subit pas*** *le texte : il mémorise, anticipe, établit des relations... Mais il ne* ***l'invente pas*** *non plus, bien évidemment : il doit être attentif à ce qu'il lui* ***apprend****. C'est seulement dans ces* ***interactions*** *permanentes entre ce qu'il connaît déjà et ce que le texte lui apprend, qu'il peut* ***construire du sens****. Il en va ainsi pour tout rapport à la culture.*

5.2 Tension entre projet et héritage.

L'enfant qui hérite d'une culture est aussi celui qui est appelé à la renouveler pour qu'elle reste **vivante.**

□ **Exemple.**
La pédagogie nouvelle tend à poser comme un postulat que l'imitation des modèles empêche le développement de la « créativité » enfantine. L'enfant n'étant pas encore prisonnier des conventions, il faudrait ***s'abstenir de le diriger*** *et le laisser s'exprimer librement.*
Certes, pour parvenir à l'originalité, il faut rompre avec une tradition, des habitudes. Mais créer, ce n'est pas ignorer une culture (la création ne serait qu'illusoire), c'est au contraire ***la prolonger en la dépassant****.*
Il est donc essentiel de distinguer :
- la ***véritable*** *originalité, fruit du travail et de la culture ;*
- la ***fausse*** *originalité qui voudrait faire l'économie de l'apprentissage.*
On voit, à travers cet exemple, combien est décisive la ***représentation*** *que l'enseignant a de l'enfant et de ses rapports avec la culture.*

5.3 Tension entre liberté et contraintes.

L'écolier n'a pas seulement vocation à **devenir** un citoyen responsable ; si l'**obéissance** aux règles de l'institution est nécessaire et a valeur éducative, c'est à condition qu'elle soit **consentie** et que l'élève adhère à des valeurs qu'il cherchera alors à **promouvoir** (en particulier dans le cadre de sa vie scolaire). De ce point de vue, l'école devrait donc être considérée :

- non pas simplement comme le lieu où se prépare la **citoyenneté de demain** ;
- mais aussi comme le lieu où peut **déjà s'exercer** une citoyenneté réelle (bien que limitée par l'âge des enfants).

6. Un « METIER D'ELEVE » ?

L'élève n'est donc pas simplement un apprenant. Il est aussi un **acteur social** dans une institution [cf. P. PERRENOUD]. Son comportement est **surveillé**, son travail **contrôlé**, et il est sommé de se plier à des règles, de se conformer à des normes de comportement, d'accepter une part importante de **routines** et de **contraintes**. Peut-on, dans ces conditions, parler d'un « métier d'élève » ?

Cette notion est intéressante en ce qu'elle éclaire la part des apprentissages (ou des **expériences réelles** vécues à l'école) qui ne fait l'objet d'aucun programme ni d'aucune évaluation *(exemples : apprendre à se taire, à faire semblant de comprendre, à copier sur le voisin, à paraître intéressé...).*

Mais elle reste très ambiguë, car le travail de l'élève - même s'il peut être ennuyeux, épuisant... - n'est pas, au sens économique, un réel travail productif. C'est bien **à son propre développement** que l'élève travaille, bien que l'éducation soit **aussi une nécessité sociale**. Aller à l'école représente un droit fondamental de l'enfant qui n'a pas encore besoin de « gagner sa vie ».

☑ **Voir "ECOLE".**

XX. EVALUATION

1. EVALUATION ET ECOLE.

Dans le domaine de l'école, l'évaluation porte essentiellement sur le comportement, le travail, les connaissances ou les compétences des **élèves**. En aucun cas, elle ne devrait porter sur les **personnes**. Cette **confusion** est pourtant fréquente.
L'évaluation peut porter aussi sur la qualité d'un **enseignement** (rôle de l'inspection) ou sur le **fonctionnement** d'un établissement scolaire (audit).

2. Une TERMINOLOGIE FOISONNANTE.

En ce qui concerne l'évaluation du travail et des connaissances, l'école a une longue tradition, bien illustrée par le foisonnement des termes utilisés : « corriger », « noter », « contrôler », « vérifier », « valider », « certifier »...
Ces termes désignent des formes d'évaluation que l'on peut distinguer en fonction de leur **finalité.**

☐ **Exemples.** ***Formes d'évaluation en fonction de la finalité.***
- ***corriger*** *un exercice pour relever les erreurs éventuelles et confirmer la réponse attendue ;*
- ***noter*** *un devoir pour évaluer la progression des élèves, en les situant par rapport à un « niveau » exigé ou par rapport à une moyenne ;*
- ***contrôler*** *qu'une notion est acquise pour s'assurer qu'elle a bien été comprise et non pas apprise superficiellement.*

3. RENOUVELLEMENT de la PROBLEMATIQUE.

Le renouvellement de la problématique de l'évaluation s'explique par une modification de notre **conception de l'apprentissage**.
Les erreurs qui ne peuvent s'expliquer par un simple manque d'attention, et qui sont **tenaces, organisées** en un véritable système

de pensée, méritent d'être prises en considération si l'apprentissage scolaire n'est pas la simple accumulation de connaissances mais une **réorganisation de savoirs antérieurs.** Si les connaissances nouvelles transforment difficilement des représentations et des habitudes déjà installées, **l'erreur change de statut** pour devenir aux yeux de l'enseignant un élément **constitutif** de l'apprentissage. Non seulement l'élève a droit à l'erreur, mais c'est en corrigeant ses erreurs qu'il apprend vraiment, car il surmonte une réelle difficulté. De ce point de vue, évaluer signifie comprendre **pourquoi** l'élève se trompe, et implique que l'enseignant s'intéresse à la **démarche** d'apprentissage et non pas simplement à son résultat.

4. EVALUATION SOMMATIVE ou FORMATIVE.

Ainsi, les démarches classiques de contrôle des connaissances ne représentent qu'**une manière particulière** d'apprécier un apprentissage en s'intéressant au **résultat** et non à un **processus** ou à un cheminement mental. C'est pourquoi il est habituel aujourd'hui de distinguer les formes d'évaluation selon le moment où elles se situent dans l'apprentissage et surtout selon leur fonction.

4.1. Selon le moment.

- L'évaluation **diagnostique** s'effectue au **début** d'un cycle d'apprentissage *(exemple : l'évaluation au début du CE2 et de la 6éme)* ou d'une unité d'apprentissage (comprenant plusieurs séances).
- L'évaluation **formative** fait partie du processus d'apprentissage. Elle est donc **continue**.
- L'évaluation **sommative** mesure les connaissances ou les compétences acquises **au terme** d'un cycle d'apprentissage ou d'une unité d'apprentissage.

4.2. Selon la fonction.

Evaluer : **pour quoi faire ? Et pour qui ?**
Pour **situer** l'élève par rapport à lui-même ? Par rapport au groupe ? Par rapport à une norme idéale, un « niveau » ?

Pour **informer** (rassurer ou alerter) les parents ? Pour informer l'élève ? Pour **faciliter** l'apprentissage par une prise de conscience des difficultés et des acquis ?
Ces questions **conduisent cette fois** à distinguer entre l'évaluation sommative qui porte sur les **effets** d'un apprentissage, et l'évaluation formative qui servira à **remédier** aux difficultés constatées.

5. EVALUATION CRITERIEE.

Evaluer signifie *estimer une valeur.*
Mais ce jugement de valeur peut se faire selon des critères **explicites**, parfaitement définis, ou selon des critères **implicites**, ignorés ou seulement supposés.

> □ **Exemple**. ***Evaluation sommative et critériée.***
> *L'élève connaît le nombre de points attribués, pour noter une production écrite, à l'orthographe, à l'argumentation, à l'imagination, à la précision des descriptions, à la cohérence du récit...*

6. EVALUATION NORMATIVE.

Une évaluation normative mesure un **écart** entre un résultat et une attente ou une exigence *(exemple : l'**écart** par rapport au niveau moyen de la classe).*
Cette norme **vaut pour tous**, et permet de situer chacun par rapport aux autres en établissant une hiérarchie des résultats. Mais l'évaluation peut aussi mesurer les progrès d'un élève, en évitant de le comparer à d'autres. Dans ce cas, elle est **relative** sans être normative.

7. EVALUATION FORMATRICE.

L'évaluation est dite « formatrice » et non pas seulement formative, lorsqu'elle permet à l'élève de **prendre conscience** de ses difficultés et de ses besoins, de ses stratégies d'apprentissage, de son cheminement mental...
Dans ce cas, l'évaluation est au service de l'**autonomie** de l'élève, et conduit progressivement à une **auto-évaluation.**

8. COMPRENDRE pourquoi l'élève se trompe.

□ **Exemple.**
Un élève se trompe en pensant que 4/3 est supérieur à 4/2. Pourquoi?
Parce qu'il se contente de comparer 3 et 2 alors qu'il faudrait transformer 4/3 et 4/2 en leur donnant le même dénominateur.

□ **Exemple.**
Un élève se trompe en pensant que 2,4 est inférieur à 2,36. Pourquoi? Là encore, l'habitude de comparer intuitivement des nombres (36>4) est un obstacle. L'élève « assimile » le problème posé en l'identifiant à un problème qu'il sait résoudre. On voit que l'erreur n'est pas simplement un manque, traduisant ce que l'élève ne sait pas faire. Elle est bien l'effet d'une habitude mentale qui peut être justifiée dans certains cas (même si elle ne l'est pas dans le cas présent).

□ **Les grands types d'erreurs.**
Quels sont, au-delà de ces quelques exemples, les grands types d'erreur? Il est clair que toutes les erreurs ne se valent pas : certaines témoignent d'une recherche originale, alors que d'autres manifestent simplement un manque d'attention...Il est possible, en s'inspirant des travaux de CHARNAY pour la didactique des mathématiques, de retenir, en particulier, parmi les principaux types d'erreurs :
. les erreurs liées à une mauvaise compréhension de la ***consigne*** *;*
. les erreurs liées à des ***conceptions préalables*** *(qui font obstacle) ;*
. les erreurs liées au ***contrat didactique*** *(voir « contrat ») ;*
. les erreurs liées à un ***apprentissage précipité*** *(l'enfant ne dispose pas des savoirs requis) ;*
. Mais, bien entendu ***aussi****, les erreurs liées à la* ***fatigue****, à une* ***mauvaise*** *mémorisation, à un raisonnement* ***inadapté****, à un* ***manque d'intérêt*** *pour le problème posé...*

Pour plus d'informations, se reporter à l'ouvrage du même auteur, complémentaire à celui-ci, *« 40 Questions-réponses »*.

EVALUATION

XXI. GROUPE

1. LES AMBIGUITES de la notion de groupe.

Cette notion se prête à bien des confusions. En effet, elle s'est constituée « **contre** » la notion de classe, entendue comme ensemble d'élèves :
- censés être de même « niveau » (en raison de l'âge commun) ;
- juxtaposés, **isolés** face à l'enseignant.

De ce fait, le groupe peut être un outil pour :
- une **pédagogie différenciée** (groupe de niveau ou de besoins) ;
- l'utilisation de « **méthodes actives** » (l'apprentissage se faisant dans le travail en commun).

Mais la « classe » en elle-même constitue un groupe, même si l'enseignant ne favorise que des relations à la fois duelles et unilatérales (maître → élèves).

2. LE GROUPE-CLASSE.

Si le maître isole les élèves et cherche à empêcher toute communication entre eux, la classe existe néanmoins en tant que groupe.

□ **Exemple.** *« Souffler » est bien une forme d'entraide, même si elle rencontre l'hostilité du maître. La solidarité entre camarades peut ainsi se manifester de manière **clandestine** et **en s'opposant** à l'autorité de l'adulte.*

3. Une DYNAMIQUE DE GROUPE.

La classe en tant que groupe a une physionomie et une dynamique particulières qui font qu'elle ne ressemble à aucune autre.

Au sein du groupe se tisse un **réseau complexe de relations** (attirance, rejet, indifférence...) ; Pour s'intégrer à la classe, l'élève doit s'adapter à une vie sociale qui a ses **règles**, parfois ses **rites** et son **langage**. Chacun peut développer par rapport au groupe des **stratégies** différentes (soumission, retrait, séduction, domination...).

L'élève peut aussi jouer le **rôle** que le groupe **attend** de lui (l'insoumis, l'amuseur, le leader...).

4. TRAVAIL DE GROUPE/ EN GROUPE.

Dans une perspective pédagogique, le groupe constitue le **moyen** d'utiliser des **méthodes actives**, en confrontant les élèves à une tâche qui peut être individuelle ou collective.
La **confusion** est ici fréquente entre :
- travail **de groupe** : la tâche ne peut être réalisée qu'en **coopérant ;**

□ **Exemples.** *Nécessité de confronter les points de vue, de faire une synthèse collective, de se répartir les tâches en vue d'un résultat commun...*

- travail **en groupe** : les élèves travaillent ensemble - ce qui signifie qu'ils peuvent se parler, s'observer... - mais à une **tâche individuelle.**

□ **Exemple.** *L'atelier en maternelle, qui permet à l'enseignant de rester en retrait, d'observer, de venir en aide...*

5. INTERET et DERIVES du travail de groupe.

Le travail de groupe se justifie parfois essentiellement par la valeur **morale** de la coopération, de la solidarité et de la responsabilité collective.

□ **Tableau récapitulatif.**
(Formes de travail de groupe).

	Groupe de PRODUCTION	Groupe d'ECHANGES
INTERET	**Utiliser les méthodes actives.**	**Utiliser les méthodes actives.**
OBJECTIFS	**Aboutir à une réalisation commune à travers un projet.**	**Favoriser la vie sociale, la solidarité.**

GROUPE

- Il peut se justifier aussi par le fait que les élèves cherchent ensemble et confrontent leurs points de vue, leurs hypothèses...

☑ Voir "APPRENTISSAGES" : rôle des conflits socio-cognitifs.

- Mais il se justifie surtout s'il est centré sur l'**apprentissage**, et non pas sur la production et les échanges affectifs.

Distinguons trois formes de groupe :
- groupe centré sur la production : privilégie l'efficacité collective en utilisant les compétences de chacun ;

□ **Exemples.** *Les plus faibles laissent faire les meilleurs. Ou encore : chacun ne fait que ce qu'il sait déjà faire.*

- groupe centré sur les échanges affectifs : au lieu d'être un moyen au service d'un apprentissage réel pour tous, le groupe a en lui-même sa propre finalité.
- groupe centré sur l'apprentissage : pour être réalisée en commun, la tâche nécessite que chacun apprenne ce qu'il ne sait pas ou ne sait pas faire [cf. MEIRIEU].

6. Le groupe AU SERVICE D'UNE PEDAGOGIE DIFFERENCIEE.

Dans une perspective pédagogique, la constitution de groupes au sein de la classe permet de prendre en considération les différences entre élèves.
La confusion ici se fait souvent entre **groupe de niveau** et **groupe de besoins**.

☑ Voir "PEDAGOGIE DIFFERENCIEE".

(suite du tableau)

Groupe d'APPRENTISSAGE	Groupe DE NIVEAU	Groupe DE BESOINS
Utiliser les méthodes actives.	**Favoriser une pédagogie différenciée.**	**Favoriser une pédagogie différenciée.**
Favoriser l'apprentissage de tous dans la confrontation ou la coopération.	**Tenir compte de différences importantes et durables.**	**Tenir compte de difficultés temporaires.**

GROUPE

XXII. LAICITE

1. Des CONFUSIONS.

La laïcité définit ce qui **ne dépend pas de la religion** *(exemples : un Etat laïc, une morale laïque, un enseignement laïc...).*
Mais le principe de laïcité n'est pas toujours bien compris.

Une première ambiguïté vient du fait qu'on peut envisager un **sens restreint** (un enseignement laïc, par exemple, serait **uniquement** indépendant de toute croyance religieuse) ou un **sens élargi** (l'indépendance se définissant **aussi** par rapport à **toute forme de dogmatisme** ou de conviction partisane).

En outre, la laïcité est souvent confondue :
- avec une attitude tolérante et **passive**, acceptant avec indifférence toutes les croyances et toutes les convictions, sous prétexte de « neutralité » ;
- ou au contraire avec l'affirmation d'un athéisme militant, anticlérical et donc **intolérant**.

Pour éviter ces confusions, il convient de souligner que l'enseignement laïc est porteur des valeurs de la **rationalité** et de la **démocratie**.

2. Laïcité et ENGAGEMENT.

Le principe de laïcité est compris habituellement comme un principe de **neutralité**.
Or qu'est-ce qu'une attitude neutre ? C'est le refus de **choisir**, de prendre parti, de s'engager.
Mais l'enseignant peut-il admettre que **toute** croyance est légitime ? Que **toute** conviction est acceptable ? Que **toute** opinion est recevable ?
Ce serait méconnaître le vrai sens de la neutralité laïque qui prend en réalité assise sur un **socle de valeurs**. Quelles sont-elles ?

2.1 Les valeurs de la rationalité.

Un enseignement public est nécessairement laïc. Pourquoi ? S'adressant **à tous**, sans exception, il ne peut se déterminer par rapport à des articles de foi ou à des dogmes. Il ne peut faire appel qu'à la raison, **commune** à chacun de nous. Il a donc résolument pris le parti de se cantonner dans le cercle de ce qui est vérifiable, contrôlable, ou au moins argumentable. Ce qui caractérise la **pensée rationnelle**, en effet, c'est son **autonomie** : elle ne peut dépendre d'une instance qui lui serait supérieure. Le dogme, au contraire, représente ce que l'on veut croire sans preuve, ou un point de doctrine qu'on ne peut discuter.

2.2 Les valeurs de la démocratie.
L'enseignement laïc est également porteur des valeurs de la démocratie. Certes il n'est pas question ici de preuve. Mais la démocratie est une organisation politique de la société, fondée - pour être acceptable par tous - sur des principes **rationnels** et non sur des dogmes.
Le premier de ces principes - l'**égalité** devant la loi - signifie le refus d'établir la moindre discrimination entre les citoyens, par exemple en fonction de leurs croyances religieuses ou de leurs convictions politiques.
Démocratie et laïcité sont donc les deux faces d'une même exigence d'égalité.

□ **Exemple.**
Toutes les opinions et toutes les convictions ne sont pas acceptables en classe. Par exemple, l'enseignant ne doit pas admettre des propos sexistes ou racistes ; d'une manière générale, il convient qu'il désapprouve tout ce qui est en ***contradiction*** *avec la reconnaissance des* ***droits de l'homme*** *et le* ***respect de la dignité humaine.***

3. Un principe de SEPARATION.

Ainsi le principe de laïcité affirme la nécessité d'une séparation :
- sur le plan **philosophique**, séparation entre la foi et la raison ;
- sur le plan **constitutionnel**, séparation entre les Eglises et l'Etat ;
- sur le plan **scolaire**, séparation entre ce qui peut faire l'objet d'un enseignement public

(des vérités et des valeurs acceptables par tous) et ce qui relève d'une autre sphère : celle des croyances personnelles ou des convictions partisanes.

□ **Exemple.** *Un enseignant laïc peut faire une étude comparée des religions dès lors qu'il* ***ne marque pas sa préférence éventuelle*** *pour l'une d'entre elles, et qu'il les étudie* ***rationnellement****, en tant que* ***phénomènes culturels.***

4. Laïcité et TOLERANCE.

Mais la laïcité n'est pas seulement confondue avec l'indifférence passive et le renoncement à toute conviction forte exprimée en classe. Elle est aussi considérée parfois comme une attitude intolérante. Derrière l'apparence de neutralité se profilerait :
- un combat **anticlérical** chez les moins tolérants ;
- dans tous les cas un parti pris **en faveur de l'athéisme**, sous la forme d'un rejet ironique et méprisant des croyances religieuses.

4.1 Laïcité et anticléricalisme.

Si la défense de la laïcité a pris parfois les **formes** d'un combat anticlérical - notamment lorsque l'Eglise refusait de reconnaître les valeurs universalistes de la rationalité et de la démocratie - il est clair que ce combat n'a **plus de sens en France aujourd'hui.**

4.2 Laïcité et athéisme.

La laïcité ne se confond pas davantage avec la défense de l'athéisme. Dans son **principe**, elle exprime une **exigence de tolérance**.
Où est la tolérance ? Dans la reconnaissance de **toutes** les croyances religieuses comme **légitimes**, dès lors qu'elles relèvent des **consciences individuelles** (donc de la sphère privée). Mais cette tolérance bien comprise oblige aussi à **ne pas tolérer** toute forme de prosélytisme par laquelle on voudrait **forcer les consciences.**

□ **Exemple.**
Des élèves ***affichent*** *leurs croyances en classe, par des signes ostensibles.*

*Faut-il **tolérer** cette forme de prosélytisme ? Même s'il n'est pas facile concrètement de définir le moment où il y a réellement volonté de faire des adeptes, il est clair que l'école ne doit **pas abdiquer** devant le fanatisme ou l'intolérance de ceux qui voudraient utiliser un espace public pour **imposer** des croyances ou des convictions personnelles.*
*Qui a jamais cru, en effet, qu'être tolérant signifie, pour l'enseignant laïc, **tout** tolérer ? Il s'agit au contraire de **ne pas laisser l'intolérance imposer** sa loi à l'école.*

5. Laïcité et REFUS D'ENDOCTRINER.

Evitons enfin une dernière confusion qui **réduirait** l'exigence de la laïcité au seul domaine des croyances religieuses. Il est vrai qu'au sens étroit, la laïcité signifie l'**indépendance** à l'égard de la sphère du religieux ; mais c'est le sens large qu'il faut retenir, et l'exigence de la laïcité n'est rien d'autre, fondamentalement, qu'un **refus d'endoctriner.**
Cela veut dire que l'enseignant doit être **vigilant** pour s'assurer :
- qu'il ne confond pas une vérité objective, démontrable, et une simple opinion **personnelle** ;
- que ses convictions ne sont **pas partisanes** mais porteuses de valeurs acceptables par tous.

6. Tableau récapitulatif.

Ce qu'est la laïcité bien comprise :

- Un **principe**.
- Un **idéal**.
- L'affirmation de **valeurs**.
- Une exigence d'**autonomie** à la fois intellectuelle et morale.
- Un appel au dialogue **démocratique**.
- Une exigence d'**égalité** entre les citoyens et la défense des droits de l'homme.
- Le refus d'un pouvoir **hégémonique** des Eglises.

LAICITE

- Une volonté d'**instruire**, d'éclairer le jugement des élèves.
- Une volonté de **protéger** les élèves vis-à-vis des convictions partisanes du maître.
- L'**indépendance** du maître à l'égard des idéologies **dogmatiques**.
- Un appel à la **responsabilité** du maître.

Ce qu'elle n'est pas :

- Une **doctrine**.
- Un **dogme**.
- Le **renoncement** à toute conviction.
- Un athéisme **militant**.
- Un anticléricalisme **de principe**.
- Un **impérialisme** de la raison (qui voudrait que toute croyance soit illégitime : simple crédulité).

XXIII. METHODE

1. DEFINITION.

Qu'est-ce qu'une **méthode d'enseignement ?** Comment la distinguer des méthodes, des **procédures**, des **stratégies** utilisées par l'apprenant ? Peut-on séparer méthode et contenu d'enseignement ?

Pour y voir plus clair, voyons d'abord ce qu'est une méthode. C'est, plus qu'une manière de faire, **une démarche raisonnée impliquant des règles et des principes**. Une méthode d'enseignement suppose une réflexion sur **les finalités** de l'instruction ou de l'éducation, mais aussi **une conception de l'apprentissage.**

□ **Exemple.** *Une méthode de lecture n'a pas de sens en dehors d'une réponse à cette double série de questions :*
- a) Qu'est-ce que lire ? Quel lecteur voulons-nous former ? Pour lire quoi ? Pourquoi ?
- b) Comment l'élève peut-il apprendre à lire ? En utilisant quels indices ?

2. Méthode GENERALE ou SPECIFIQUE.

Une méthode d'enseignement peut être très **générale** ou au contraire **spécifique.**

□ **Exemple.** ***L'enseignement programmé est une méthode générale****, qui s'inscrit pourtant dans un modèle d'enseignement encore plus large : la pédagogie par objectifs. Au contraire,* ***une méthode de lecture est une méthode spécifique****, limitée à un apprentissage particulier.*

3. METHODES dites ACTIVES.

Rappelons ici l'ambiguïté liée à la notion d'activité. En évoquant les méthodes dites actives on fait référence à un ensemble de **doctrines pédagogiques** (DEWEY, MONTESSORI, DECROLY, CLAPAREDE, etc.) qui s'inspirent

□ **Tableau :**
Méthodes d'enseignement.

METHODE GENERALE D'ENSEIGNEMENT	CONCEPTION DE L'APPRENTISSAGE
Exposer de manière claire et progressive les connaissances à transmettre.	Par transmission des connaissances.
Segmenter la tâche à accomplir (objectif).	Par conditionnement.
Placer l'élève dans une situation où il devra surmonter un obstacle.	Par construction de savoirs.

d'une **même conception de l'activité.** Mais que l'élève ne puisse s'instruire qu'en agissant, c'est là une évidence pour tout le monde.

L'**ambiguïté** vient de ce qu'on assimile implicitement **activité** et **réalisation concrète**, matérielle, ou encore activité et **motricité**.
Le premier critère d'une méthode active doit rester l'effort intellectuel demandé à l'élève.

□ **Exemple.** *Etre actif, pour l'élève, peut signifier : faire un effort de compréhension, ou encore réaliser un projet, ou encore prendre des initiatives... Ce qui caractérise les méthodes dites actives, c'est qu'elles veulent susciter un intérêt pour l'apprentissage et amener l'élève à construire ses savoirs.*

4. STRATEGIES.

Lorsque la notion de méthode est utilisée pour désigner l'organisation, selon des principes, d'un apprentissage particulier, il convient de souligner que cet apprentissage se fera néanmoins de façon très diversifiée. La notion de stratégie souligne cette **diversité des cheminements possibles.**

□ **Exemple.** *Pour calculer mentalement 42 + 19, plusieurs stratégies sont possibles :*
$(40 + 10) + (2 + 9) = 50 + 11 = 61$;
$(42 - 1) + (19 + 1) = 41 + 20 = 61$.

(suite du tableau)

CONCEPTION DE L'ACTIVITE DE L'ELEVE	FINALITES
Etre attentif, comprendre et mémoriser.	Emancipation par la connaissance.
Répéter, automatiser les gestes ou les procédures.	Réussite et efficacité dans la tâche .
Observer, comparer, faire des hypothèses, raisonner, etc.	Autonomie dans l'apprentissage.

5. Toute méthode est réductrice.

Parce que toute méthode d'enseignement est **réductrice** - faisant comme si une seule démarche était possible pour tout le monde - il importe de **varier** les situations d'apprentissage.

☑ **Voir "PEDAGOGIE DIFFERENCIEE".**

6. COMPETENCES méthodologiques.

Mais, s'il ne peut y avoir de modèle général de l'apprentissage valable pour tous les apprenants et pour tous les savoirs, les élèves ne pourraient-ils pas acquérir des compétences méthodologiques communes ?
La notion de méthode désigne cette fois une compétence dite **transversale**, c'est-à-dire susceptible d'être utilisée à l'occasion de contenus disciplinaires différents.
L'expression bien connue « **apprendre à apprendre** » suppose qu'à travers l'apprentissage d'une compétence spécifique l'élève apprendra aussi une compétence méthodologique, donc **transférable**.

> □ **Exemple.** *Savoir consulter un dictionnaire, une encyclopédie, un fichier, une table des matières... apparait comme une méthode séparable de son contenu. Mais l'est-elle tout à fait ?*

7. TRANSFERT DE COMPETENCES.

La question du transfert de compétences - et de l'ampleur de ce transfert - anime le débat entre didacticiens et défenseurs d'une pédagogie générale. Savoir lire un plan, un graphique, un schéma, est-ce la même chose **quelle que soit la discipline ?**

8. PROCEDURES.

Sans doute n'y a t-il pas de transfert automatique et général des méthodes apprises. Le transfert se fera pourtant en partie (même s'il est limité à des activités proches) si l'élève a **pris conscience** des procédures qu'il utilise parfois à son insu. En ayant pris conscience de sa manière de procéder (métacognition) il aura appris **comment il apprend**.

□ **Exemple.** *Un élève utilise une procédure de contrôle fondée sur la réversibilité des opérations d'addition et de soustraction : 21 – 6 est bien égal à 15 parce que 15 + 6 = 21.*

9. AIDE METHODOLOGIQUE.

Progressivement quelques **lignes directrices** peuvent se dégager, dans la confrontation des différentes démarches.

Exemples de questions à se poser :

1) Que me demande-t-on ? Quelles sont mes **ressources** ? Que représente telle donnée ? Où est la difficulté ? Ai-je déjà rencontré une situation proche de celle-ci ? Par où commencer ?

2) Que suis-je en train de faire ? Pourquoi ? Ai-je gardé en mémoire les **contraintes** à respecter ? Ai-je progressé ?

3) A quoi suis-je arrivé ? Puis-je vérifier que je ne me suis pas trompé ?

Pour plus d'informations, se reporter à l'ouvrage du même auteur, complémentaire à celui-ci, *« 40 Questions-réponses »*.

XXIV. MOTIVATION

1. AMBIGUITE de la NOTION.

« Motiver » signifie *mettre en mouvement*, donc **donner envie d'agir,** et dans le cadre de l'école, **intéresser** l'élève.
Mais la notion est ambiguë :
- l'intérêt est-il **spontané** ou **provoqué** ?
- est-il **interne** ou **externe** à l'activité ?
- s'agit-il de motiver l'élève en respectant ses besoins ou de permettre qu'il **se motive** lui-même ?

2. BESOIN et INTERET.

Distinguons besoin et intérêt.
Le besoin (biologique ou psychologique) est « **besoin de** » *(exemple : d'une manière générale, un élève a besoin pour être motivé de croire qu'il saura effectuer la tâche qui lui est demandée).*
L'intérêt est « **intérêt pour** ». Il se manifeste par une recherche active supposant une **intention** et l'**anticipation d'un résultat.**
La différence essentielle est donc celle-ci : être intéressé est une démarche **consciente et volontaire,** alors que les besoins sont souvent ignorés **de l'élève lui-même**.

3. Du BESOIN à L'INTERET.

Dans une approche psychologique, le rôle de l'enseignant est de **répondre aux besoins des enfants** (besoin de sécurité, de calme, d'autonomie, de considération...).
Mais parce que les élèves ont besoin de communiquer, par exemple, éprouvent-ils **nécessairement** le besoin de comprendre et d'être compris, et sont-ils **spontanément intéressés** par tout ce qui favorise la communication ? En réalité, le besoin de communiquer **ne suffit pas** pour que les élèves aient envie de se parler et de s'écouter. Il faut un climat de confiance, le respect d'un code relationnel (attendre son tour pour parler...) et une situation où **communiquer est nécessaire**

*(exemple en maternelle : poser des questions **pour deviner** l'objet caché).*

4. L'INTERET PROVOQUE.

« Motiver » les élèves consiste donc :
- a) à prendre en considération les besoins essentiels (écoute, estime, réussite...) ;
- b) mais surtout à susciter des intérêts.

Pour cela, il faut aider les élèves à **trouver des raisons** de lire, d'écrire, de calculer...

□ **Exemple.**
*Des élèves de CM2, dans une école située dans un quartier socialement défavorisé, manifestent **peu d'intérêt** pour les apprentissages scolaires. Par contre, beaucoup **se passionnent** pour le football et les résultats du club local. Ce centre d'intérêt peut donner lieu à de nombreux apprentissages. Par exemple, les élèves :*
*- **calculent** les recettes du club, connaissant le nombre de places et le prix moyen de celles-ci ;*
*- apprennent à **situer** sur une carte de géographie les différentes villes dont les clubs participent au même championnat ;*
*- **écrivent** dans un journal de classe le compte rendu des matchs...*

5. Intérêt EXTERNE ou INTERNE ?

Autre ambiguïté : l'intérêt peut être **interne** ou **externe** à l'activité.

□ **Exemple.** ***Un jeu de langage.***
Des enfants de maternelle jouent aux cartes avec l'aide de la maîtresse.
Si un enfant a dans son jeu une carte représentant une voiture rouge, il sait qu'un autre enfant a la même carte, mais il doit deviner de qui il s'agit en formulant une demande (« Pierre, as-tu la voiture rouge? »). Pierre à son tour répond par la négative ou l'affirmative, et donne ensuite la carte demandée s'il la possède.

Dans cet exemple, l'activité est intéressante **en elle-même** ; l'enfant a plaisir à jouer et apprend en même temps à formuler correctement une demande ou à répondre à une demande.

MOTIVATION

Mais s'il s'agit, par exemple, d'espérer une bonne note, l'intérêt est étranger à l'activité elle-même.

6. JOUER à l'école élémentaire ?

Eclairons les termes du débat. Personne ne conteste l'importance du jeu à l'école maternelle. Mais le jeu a-t-il sa place à l'école élémentaire ?
D'un côté, on peut penser que l'activité scolaire proposée sous forme de jeu **associe** plaisir et apprentissage. L'élève a un but à atteindre *(par exemple gagner la partie)* et puisqu'il veut réussir, accepte l'effort.
D'un autre point de vue [cf. FREINET par exemple] on peut estimer que les jeux pour apprendre (jeux de lecture, d'écriture, de calcul) sont en fait des jeux **imposés** à l'élève par l'enseignant, et sont en réalité un **travail déguisé.**

□ **Exemple d'un « jeu de lecture ».**
Quatre dessins représentent successivement des objets dont il ne faut retenir que la première lettre des mots qui les désignent. Ces quatre lettres forment un mot qu'il faut deviner.

□ **Exemple d'un « jeu de calcul ».**
Des images représentent des jouets et à chaque jouet est associé un prix différent. Chaque élève dispose d'une certaine somme et le but du jeu est de trouver toutes les possibilités d'achat.
*On peut reconnaître que ce sont **des exercices plus que des jeux.** Le vrai jeu est une activité libre, sans autre finalité qu'elle-même (et le plaisir qu'on y trouve).*

7. Comment "MOTIVER" LES ELEVES ?

L'essentiel, pour distinguer les différentes manières de motiver les élèves, est de se demander si l'intérêt est propre à l'activité (elle est **en elle-même intéressante**) ou s'il est externe (l'élève n'est pas intéressé par ce qu'il fait mais uniquement par les **bénéfices qu'il en attend**).

□ **Exemple.** ***Motivations liées à l'activité :*** *curiosité ; plaisir de créer, d'inventer ; plaisir de s'exprimer, de communiquer ; plaisir de* *prendre des initiatives ; situation de recherche active ; résolution d'une énigme ; réalisation d'un projet ; etc.*

□ **Exemple.** ***Motivations extérieures à l'activité :*** *vouloir se distinguer ; espérer une récompense ou craindre une punition ; rechercher l'approbation du maître ; etc.*

8. AIDER LES ELEVES à se motiver.

Mais une activité peut-elle être en elle-même intéressante ? En réalité, la « motivation » – il faudrait dire **les** motivations – représente un phénomène complexe, éminemment **subjectif** et **intermittent**, qui met en jeu des perceptions et des valeurs, et dépend aussi beaucoup de la fatigue ou de l'humeur…

L'image de soi et de la tâche à effectuer, et au-delà **le rapport** au savoir scolaire et à l'école comme institution (avec son organisation, ses normes, sa hiérarchie des valeurs, etc.), sont ici déterminants. Plus un élève, en particulier, **perçoit** ses **chances** de réussir et l'**intérêt** de ce qu'il entreprend, plus il se montre capable de **se motiver** pour apprendre [cf. VIAU].

Personne, donc, ne motive personne. L'enseignant peut seulement prendre la mesure de cette subjectivité et de cette fragilité des motivations, et y voir pour l'essentiel une invitation :

- à **favoriser** l'engagement des élèves, en leur permettant de prendre des initiatives, d'assumer des responsabilités, de contrôler le déroulement des activités en fonction des objectifs poursuivis ;
- à **varier** les situations d'apprentissage.

Il revient à chacun, pourtant, de donner ou non du sens aux situations d'apprentissage proposées par le maître.

□ **Exemple.** *Tel élève trouvera intéressant de réaliser un journal de classe, parce que l'entreprise correspond à ses goûts, ses besoins, ses compétences… Tel autre, au contraire, sera peut-être effrayé par l'ampleur de la tâche, et une responsabilité trop lourde.*

XXV. OBJECTIF

1. FINALITE et OBJECTIF.

Les notions de finalité et d'objectif sont souvent confondues et considérées comme synonymes de **but** à atteindre : ce que l'on veut réaliser et qui est donc **anticipé**.

Les finalités de l'éducation (autonomie, socialisation...) et de l'enseignement (permettre l'insertion sociale et professionnelle, former le jugement...) sont des **principes** généraux inséparables d'une **conception d'ensemble** de l'homme que l'on veut former. Elles sont les **raisons d'être** de l'action éducative et pédagogique.

Ces finalités se déclinent et s'actualisent en objectifs à atteindre. Qu'est-ce qu'un objectif ? C'est ce que l'enseignant **veut** que l'élève **apprenne**. Mais l'objectif peut être **général.**

> □ **Exemples.**
> *Améliorer l'orthographe, susciter l'envie de lire, favoriser la production d'écrits.*

Il peut désigner au contraire une compétence précise, observable et **évaluable** dans des conditions bien définies, selon des critères bien établis.

> □ **Exemple.**
> *Savoir distinguer « ou » et « où », dans une suite d'exercices portant sur les homophones grammaticaux.*

2. LA PEDAGOGIE PAR OBJECTIFS.

Il ne faut pas confondre la pédagogie par objectifs, où s'exprime une conception de l'apprentissage influencée par le behaviorisme[1], et la simple détermination d'objectifs pédagogiques. La pédagogie par objectifs repose sur l'idée que l'apprentissage se fait du simple au complexe et que l'on peut **décomposer** une compétence

[1] Le behaviorisme (de l'anglais « behavior » : comportement) est une approche psychologique qui ne prend pas en compte les processus mentaux mais seulement les comportements observables sous forme de relations entre stimuli et réponses [cf SKINNER.].

globale à faire acquérir par l'élève, en **compétences élémentaires.**

Cette pédagogie, qui traduit une volonté de **rationaliser** l'apprentissage, conduit à une technologie de l'enseignement sous la forme d'un enseignement individualisé et **programmé.** Car l'**ordre des étapes** à parcourir est rigoureusement défini et l'erreur dans le processus d'apprentissage devient un simple **accident** qui aurait pu être évité avec une meilleure décomposition de la tâche à réaliser,
un renforcement des étapes préliminaires, voire un meilleur **conditionnement** (par récompenses ou punitions).

□ **Exemple.**
*L'enseignant veut que ses élèves apprennent la double pronominalisation et leur propose des exercices dits « structuraux » où il s'agit d'imiter un **modèle** du type :*

Pierre offre des fleurs à sa mère ⟶ Pierre **les lui** offre.

Exercice : Jacques prête sa montre à sa sœur ⟶ ?

Si les exercices ne sont pas correctement effectués, il faudra revenir à la simple pronominalisation (Pierre offre des fleurs à sa mère ⟶ Pierre **lui** offre des fleurs).

3. LIMITES de la pédagogie par objectifs.

Cette façon d'organiser l'apprentissage a donc ses limites. Certes en planifiant rationnellement les objectifs à atteindre, elle fournit une base solide pour l'évaluation. N'est pas un objectif ce qui n'est pas évaluable avec précision.
Mais cela conduit à une **multiplication** des objectifs, et surtout l'objectivité apparente de l'évaluation laisse dans l'ombre tout ce qui n'est pas rigoureusement mesurable ou contrôlable *(exemples : signes de fatigue ou de désintérêt, cheminement mental, représentation ...).*
En outre le « programme » laisse peu d'initiatives à l'apprenant, et celui-ci n'a pas une **vision d'ensemble** de son apprentissage.

4. Une RECHERCHE DE COHERENCE.

Autre chose est la définition d'objectifs pour simplement rechercher une meilleure cohérence pédagogique.

□ **Exemple.**
*L'objectif éducatif que s 'est fixé l'enseignant dans une classe de CP est que ses élèves sachent **anticiper.***
Il s'agit là d'un objectif général.
*En EPS, il organise des activités où les élèves apprennent l'escalade et sont amenés à **anticiper le trajet à effectuer**, mais aussi à **prévoir le matériel** nécessaire à leur sécurité.*
En prévision d'une chute possible, ils peuvent élaborer une règle : ne sauter que sur le tapis.
Ce sont là des objectifs spécifiques.

L'objectif général se décline ainsi en objectifs « **opérationnels** », évaluables.
On voit ce que signifie définir des objectifs.
En fonction des **besoins** constatés, l'enseignant détermine des **priorités** et organise les activités en conséquence. Ce qui le préoccupe d'abord, c'est la **cohérence** entre ces objectifs et les moyens utilisés.
Procéder de cette façon suppose une évaluation fine et **continue** des connaissances et des compétences, et permet de procéder de manière **différenciée.**
Mais il ne s'agit pas d'installer l'élève dans une suite programmée d'activités sans chercher à connaître ses motivations, sa représentation de la tâche, ses réactions devant l'échec, etc.
Il importe au contraire que celui qui apprend comprenne le sens de son travail et soit acteur de son propre apprentissage.

Pour plus d'informations, se reporter à l'ouvrage du même auteur, complémentaire à celui-ci, *« 40 Questions-réponsesr ».*

XXVI. PEDAGOGIE

1. Des INTERROGATIONS et des CONTROVERSES.

Le « pédagogue » - dans la Grèce antique, simple esclave chargé de **conduire l'enfant** à l'école - est aujourd'hui l'enseignant passé maître dans l'art d'instruire et d'éduquer. Mais, si la pédagogie est **l'art d'enseigner**, le même mot peut désigner :

- des **doctrines** proposant une conception d'ensemble de l'éducation scolaire ;
- des **manières de faire** conseillées pour leur efficacité (procédés, techniques, méthodes...) ;
- des pratiques **individuelles** qui sont affaire d'intuition, de bon sens, de tâtonnement, de tempérament, de conviction...

Cette polysémie contribue à nourrir interrogations et controverses sur son statut, ses limites et ses dérives.

1.1 Des interrogations.

La pédagogie est-elle une théorie ou une pratique ?

- Dans l'ordre de la théorie ou du **discours**, ses éventuelles **prétentions scientifiques** sont-elles justifiées ? Doit-elle se contenter de décrire et d'analyser des pratiques, ou peut-elle **prescrire** ce qu'il faut faire ?
- Dans l'ordre de la **pratique**, n'est-elle qu'un art difficilement explicable - où la **relation** entre maître et élèves serait déterminante - ou représente-t-elle une manière, rigoureuse et **rationnelle**, de dispenser des savoirs ?

1.2 Des controverses.

Les doctrines pédagogiques ne sont-elles pas fondées sur des **postulats** et des **présupposés** discutables ? N'ont-elles pas pour ambition (lorsqu'elles ne se contentent pas d'une simple rhétorique inspirée par des idéaux éducatifs) de **rationaliser** l'acte d'enseigner en le **réduisant** à l'utilisation de « techniques » ? Savoir enseigner n'est-ce pas tout simplement bien connaître ce qu'on enseigne (les **contenus**) et pourquoi on l'enseigne (les **enjeux**) ?

2. Entre THEORIE et PRATIQUE.

• L'**opposition** entre théorie et pratique, si souvent invoquée, et la dévalorisation de la « théorie » au profit de la « pratique », servent volontiers d'**alibi** :
- à une forme de **paresse pédagogique**, oscillant entre l'appel au bon sens, à l'improvisation, et l'application aveugle de procédés (ce qui - dans les deux cas - **dispense d'analyser** ce que l'on fait, pour en comprendre le sens) ;
- à une forme d'**inculture**, qui se flatte d'ignorer des savoirs jugés trop abstraits, et postule qu'il ne faut pas être trop savant pour rester pédagogue....

• Mais de quelle « théorie » parle-t-on ? Si le mot désigne les connaissances scientifiques ou prétendues telles (les sciences de l'éducation, la psychologie cognitive, les didactiques des disciplines...) qui représentent différentes approches des faits éducatifs, il faut rappeler que l'action pédagogique est **orientée par des choix** ; or le propre d'un choix, c'est qu'il peut être **éclairé** par des connaissances, sans pouvoir se déduire de celles-ci. Aucune science ne peut **décider**, à la place de l'enseignant, de ce qu'il doit faire.

• Une pédagogie suppose donc une **éthique** plus ou moins explicite (la référence à des **valeurs** qui **guident** l'action et permettent de l'**évaluer**).

• Elle est tout à la fois une manière d'**interroger** les pratiques de classe (quelles finalités ? quels objectifs ? quelle cohérence entre ces objectifs et les moyens utilisés ?...) et un ensemble de **pratiques** réfléchies.
Elle s'élabore dans l'**articulation** entre théorie et pratique.

3. La pédagogie comme mode de QUESTIONNEMENT.

Que se passe-t-il dans ce lieu bien particulier qu'est la classe ? Comment les élèves peuvent-ils **apprendre**, et apprendre **ensemble** ? Avec quelle **organisation** de la classe ? Avec quelles modalités de travail ?

A partir de ces questions, peut se constituer une **doctrine** pédagogique qui ne se contente pas de décrire et d'analyser des situations de classe, mais formule des **principes** et propose des **méthodes.**

□ **Exemple**. ***La pédagogie de FREINET.***

La pédagogie de FREINET - qui privilégie « l'expérience tâtonnée », la découverte progressive, par essais et erreurs, des démarches adaptées aux objectifs poursuivis - est bien connue. Mais ses « techniques » (le texte libre, l'imprimerie, la correspondance scolaire, le journal scolaire...) sont nées d'une action guidée par quelques ***idées directrices*** *: favoriser la* ***recherche*** *et la* ***production*** *des élèves, encourager à la fois* ***l'autonomie et la coopération*** *dans le travail de groupe.*

Ces premières innovations, et la formation d'un ***mouvement pédagogique*** *(permettant la circulation des idées et la* ***communication*** *des expériences par le biais de rencontres, de revues...) seront ensuite à l'origine d'une réflexion d'ensemble sur les possibilités de* ***réformer l'école****, et d'autres innovations seront alors proposées (coopérative scolaire, plan de travail, fichiers documentaires ou auto-correctifs...).*

La pédagogie de FREINET s'est ainsi forgée dans un ***va-et-vient*** *entre théorie et pratique, en restant constamment inspirée par un* ***idéal*** *: construire une « école du peuple ».*

4. La pédagogie comme PRATIQUE REFLECHIE.

Qu'il s'agisse de la **conduite** de la classe et de l'organisation générale du travail, ou de l'enseignement d'un contenu particulier (telle notion, dans telle discipline), le maître peut avoir la tentation d'utiliser des procédés (des « recettes »). Il n'y a pourtant pas de pédagogie véritable sans réflexion sur les **raisons** qui conduisent à décider de procéder de telle ou telle manière.

□ **Exemple**. ***La réflexion pédagogique.***
Trois moments peuvent être distingués : la préparation d'une séquence, la séquence elle-même, et le bilan critique.

1) La préparation*.*
L'acte d'enseigner se prépare ***à plus ou moins long terme****, car une séquence n'a de* ***sens*** *que par rapport à ce qui la précède et à ce qui va suivre (la* ***progression*** *est ici essentielle). Préparer signifie* ***anticiper****, refuser l'improvisation, mais il ne peut être question de tout prévoir. Lorsque la réflexion précède l'action, l'enseignant s'intéresse :*

- aux ***objectifs*** *qu'il poursuit (que s'agit-il de faire comprendre ?) ;*
- aux différents ***moyens*** *qu'il pourra utiliser (documents, supports, matériels...) ;*
- au ***déroulement*** *de la séquence (dans quel* ***ordre*** *procéder ?) ;*
*- aux modalités de l'****évaluation****.*

2) La séquence.
Dans la conduite de la classe et la mise en oeuvre de la séquence, la réflexion prend une autre forme. Une classe vivante agit et réagit continuellement, et le difficile ici est de « maintenir le cap » tout en restant ***disponible*** *pour accueillir l'imprévu. Tout l'art en somme est de ne pas s'enfermer dans un carcan, de conduire en se laissant conduire, et la réflexion assure cette part essentielle de* ***régulation****, lorsque la situation ne commande pas simplement de décider dans l'urgence et l'incertitude.*

3) Le bilan critique.
Il est peut-être la clé des ***progrès possibles*** *en matière de pédagogie, lorsque l'enseignant sait éventuellement remettre en cause la façon dont il a procédé (les moyens étaient-ils bien adaptés aux objectifs ? les consignes étaient-elles suffisamment claires ? les difficultés pouvaient-elles être surmontées par les élèves ?...).*

5. Pédagogie et PEDAGOGISME

Pour comprendre le statut de la pédagogie, il importe aussi de cerner ses **limites** et de dénoncer ses **dérives.**

5.1 Ses limites.

Une démarche pédagogique suppose une **attention** particulière aux élèves qui peuvent ne pas comprendre, ne pas être intéressés, ne pas accepter l'autorité de l'enseignant, etc. *(exemples : quelles **représentations** ont-ils de la discipline que j'enseigne ? que savent-ils **déjà** ? comment peuvent-ils trouver plaisir à apprendre malgré les efforts demandés et les multiples contraintes nécessaires ?...).*

De ce fait, la pédagogie centre d'abord ses interrogations sur :

- l'**organisation** de la vie de la classe (quelle discipline ? quelles formes de travail ?) ;
- la **relation** entre maître et élèves (quel type d'autorité ? quelles formes de communication ?).

Mais cela ne signifie pas :

- qu'elle puisse être l'art d'enseigner **« tout et n'importe quoi »**, dès lors que le maître aurait les qualités nécessaires d'organisateur et de « communicateur » ;
- qu'elle se réduise à une simple **relation éducative**, où l'essentiel serait de former une personnalité.

5.2 Ses dérives.

Le « pédagogisme » commence lorsque la pédagogie, oubliant qu'elle n'est pas une fin en soi mais un moyen de **faciliter les apprentissages**, considère que la maîtrise des savoirs à enseigner est secondaire.

5.3 Des critiques.

Pour avoir voulu croire que la pédagogie ne pouvait être que cette relation éducative **indifférente** aux exigences **spécifiques** des différents contenus d'enseignement, des professeurs (du secondaire et de l'université) sont devenus de farouches adversaires de **toute** pédagogie. Ils n'admettent guère son utilité que pour les jeunes enfants, là où l'éducation est, de toute évidence, nécessaire, et certains vont même jusqu'à penser qu'il **suffit** de maîtriser les savoirs pour savoir enseigner, quels que soient les niveaux d'enseignement ou les classes.

Rappelons donc une idée simple : enseigner c'est **à la fois** dispenser des **savoirs déterminés** (qui appellent des méthodes spécifiques) et s'adresser à des **élèves déterminés** (qui n'ont pas tous les mêmes connaissances, les mêmes habitudes de travail, les mêmes attentes...).

6. Pédagogie et DIDACTIQUE.

Deux types de questionnement des pratiques de classe sont nécessaires : l'un, d'ordre **didactique,** centré sur les **contenus** à enseigner ; et l'autre, d'ordre **pédagogique**, centré sur la **conduite** de la classe.

6.1 Le questionnement DIDACTIQUE.

La didactique, qui a pour objet de rechercher les conditions les plus favorables à l'appropriation de savoirs déterminés, est amenée à réfléchir :

- sur les **caractéristiques propres** aux savoirs à enseigner (quels concepts ? quelle logique ? quels rapports entre les savoirs savants et les savoirs scolaires ?...) ;
- sur les **processus** mis en oeuvre par les apprenants (quelles conceptions préalables ? quels modes de raisonnement ?...).

Elle utilise donc le double éclairage de l'**épistémologie** (nature et génèse des savoirs) et de la **psychologie cognitive**.

□ **Exemple.** ***La didactique des sciences expérimentales.***

Comment enseigner les sciences expérimentales (physique et biologie) à l'école élémentaire ? Les grands axes de réflexion sont les suivants :

- a) quelles sont les ***finalités*** *de cet enseignement ? (*exemples *: apprendre le sens de la preuve, du contrôle, de la mesure, etc., pour favoriser l'éveil de l'esprit critique) ;*

- b) comment prendre en considération ce que les élèves ***croient savoir****, et quels sont les*

PEDAGOGIE

__obstacles__ à surmonter pour l'appropriation de tel ou tel contenu ?
- c) quels __concepts__ peuvent-ils construire et comment ? A quelles formes de __démarche__ ou d'__attitude__ scientifique peuvent-ils s'initier ?

Une didactique représente toujours un questionnement **particulier**, mais forge et utilise des concepts qui pourront, éventuellement, être des outils d'analyse pour d'autres champs disciplinaires. Elle contribue dans ce cas à élaborer une didactique **générale**, par une mise en commun de certains concepts et de certains problèmes
(exemple : le concept de « contrat didactique » issu de la didactique des mathématiques).

☑ Voir **"CONTRAT"**.

6.2 Le questionnement pédagogique.

Les questions ne relèvent pas d'un champ disciplinaire particulier, mais portent sur l'organisation générale des activités (formes de communication et de travail ; style d'autorité...).

□ **Exemple.** ***Les styles pédagogiques.***
Y a-t-il, pour un enseignant, __une manière__ personnelle de se comporter, un « style » caractéristique ? Ou plutôt __des stratégies__ qu'il utiliserait selon les circonstances (à la manière d'un peintre avec sa palette de couleurs) ?
Le « style relationnel », par exemple, se caractériserait par la manière habituelle, et dominante, de « communiquer » avec la classe entière, ou avec un élève particulier...
Assurément la pédagogie est __aussi__ un art de la relation, à condition de souligner que cette relation s'effectue par la __médiation des savoirs__ (à enseigner ou à apprendre). C'est ce __triangle__ (élèves-maître-savoirs) qu'il convient d'analyser, et non une simple relation interpersonnelle.

7. Pédagogie et PSYCHOPEDAGOGIE.

Si la pédagogie n'est pas une science, mais une manière d'interroger et d'orienter les pratiques de classe, elle n'exige pas de **tout** connaître des élèves **avant** de commencer à les instruire. La psychologie cognitive, par exemple, éclaire les processus mis en oeuvre pour s'approprier des connaissances, mais ne peut faire le **choix** ni d'une **éthique**, ni des **objectifs** particuliers poursuivis par le maître. L'enseignant peut seulement **se servir**, pour prendre ses **décisions**, des différents **outils d'analyse** proposés par les psychologues.

Distinguons, par conséquent, psychopédagogie et pédagogie.

- La **psychopédagogie** est organisée autour d'un postulat implicite : il faut bien connaître les enfants pour bien les instruire.
- La **pédagogie** inverse la relation : c'est **en instruisant les élèves** qu'on apprend à les connaître [cf. ALAIN]. Non pas en totalité, comme si l'on voulait qu'ils deviennent « transparents » - il y a sans doute, dans cette volonté, un **risque majeur** : celui de vouloir aussi les **manipuler** - mais dans leurs manières d'apprendre (stratégies, capacités d'attention, réactions devant les difficultés...).

❑ **Exemple.**

- *Approche* ***psychopédagogique*** *de la question de la motivation : connaître les* ***besoins*** *des enfants pour les motiver.*

- *Approche* ***pédagogique*** *: proposer des situations d'apprentissage permettant aux élèves de* ***se*** *motiver (en se donnant des objectifs et les moyens de réussir).*

☑ **Voir "MOTIVATION".**

XXVII. PEDAGOGIE DIFFERENCIEE

1. RENONCER à une FICTION.

La pédagogie différenciée fait l'hypothèse qu'une des causes principales de l'échec scolaire tient au fait d'ignorer les élèves **tels qu'ils sont,** dans leur diversité.
Elle veut **renoncer à la fiction** d'une classe « homogène » et **identifier** des différences pour les **prendre en considération.**

☑ **Voir "EVALUATION".**

2. Des CONFUSIONS.

Différencier sa pédagogie, est-ce :
- procéder **de manière simultanée** en constituant des groupes différents ?
- ou de manière **successive** en variant les situations d'apprentissage pour l'ensemble de la classe ?

Autre confusion possible : est-ce différencier des **objectifs** ou des **modalités** d'apprentissage ?

3. Une DIFFERENCIATION SIMULTANEE.

Au lieu de proposer un même enseignement qui s'adresserait à tout le monde en même temps, le maître forme des groupes différents.

- A. Des **groupes de niveau** (selon le niveau général ou selon le niveau dans une discipline, ou encore selon le rythme d'apprentissage). Le risque est de constituer des **filières** (forts, moyens, faibles) et de contribuer ainsi à creuser les écarts.
- B. Des **groupes d'intérêt** *(exemple : un projet commun rassemble des élèves ayant le même centre d'intérêt).*
- C. Des **groupes de besoin.** Les différences peuvent être considérées comme des écarts par rapport à une **norme**, dans le cadre d'une évaluation sommative. Dans ce cas, le maître constitue des groupes de niveau.

☑ **Voir "EVALUATION".**

Une évaluation continue, permettant de **renseigner maître et élève** sur les difficultés rencontrées, amène au contraire à la constitution de groupes de besoin.

☐ **Exemple.**
Pour un temps limité, un groupe d'élèves ayant les mêmes difficultés en orthographe avec les homophones grammaticaux (on/ont ; ou/où ; quelle/qu'elle ; etc.) travaillent ensemble, avec des exercices appropriés).

Notons que les besoins ne concernent pas seulement des connaissances, mais aussi des compétences méthodologiques.

☐ **Exemple.**
Des élèves éprouvent des difficultés à lire méthodiquement les consignes écrites et, de ce fait, ne comprennent pas bien ***ce qui leur est demandé.***
Objectif du maître : leur apprendre à repérer les mots importants, à ne pas oublier une partie de la consigne.

4. Une DIFFERENCIATION SUCCESSIVE.

Parce que tous les élèves n'ont pas les mêmes motivations ni les mêmes stratégies d'apprentissage, l'enseignant **varie** les méthodes et **diversifie** les situations d'apprentissage.

☐ **Exemple.** ***Apprentissage de la lecture.***
L'objectif est de faire acquérir des stratégies de lecture différentes selon les types d'écrit et l'intention du lecteur. La lecture pourra être silencieuse puis se faire à haute voix ; être rapide et sélective puis au contraire très attentive, etc. Différents types d'écrit sont utilisés (textes narratifs, descriptifs, argumentatifs, etc.).

5. Une AIDE INDIVIDUALISEE.

Il convient cette fois d'identifier des différences pour **aider chacun** à mieux prendre conscience par exemple de ses difficultés propres ou de ses habitudes de travail...

Mais attention ! « **Individuel** » ne veut pas dire « **individualisé** ». Un travail fait par chacun peut être le même pour tous. Il n'est individualisé que s'il correspond aux besoins de chacun.

Ici la différenciation consiste à admettre que tous les élèves ne doivent pas travailler de la même manière, mais **mieux connaître** ce qui leur convient et ce qui ne leur convient pas.

□ **Exemple.**
Tel élève a-t-il besoin de voir son travail contrôlé régulièrement ? A-t-il besoin d'être souvent rassuré ?

6. RISQUES de SEGREGATION.

Distinguons deux cas :

- a) **objectifs communs** mais différenciation des modalités d'apprentissage (supports, outils, démarches...).

□ **Exemple.** ***Démarches.***
Pour composer un récit, l'élève a besoin d'une recherche individuelle ou d'une confrontation avec ses pairs.
Il a besoin d'une première approche globale du récit (les corrections viendront après) ou au contraire de s'assurer que chaque étape est correcte avant de passer à la suivante.

- b) **différenciation des objectifs.**

Dans ce cas, il importe que tous les élèves aient en fin de cycle les mêmes connaissances et les mêmes compétences. Différenciation ne signifie pas ségrégation.

□ **Exemple.**
Tous les élèves *doivent savoir induire (passer du particulier au général) et déduire (passer du général au particulier).*

7. Conclusion.

En alternant ces différentes formes de différenciation, et en ayant le souci de respecter les différences **pour les dépasser**, le maître évite de renforcer les inégalités.

XXVIII. PEDAGOGIE « TRADITIONNELLE »

1. Des polémiques.

L'expression « pédagogie traditionnelle » favorise les polémiques stériles entre **les adversaires de la routine** (de tout ce qui ferait obstacle au « progrès », à l'imagination en matière de pédagogie) et **les défenseurs nostalgiques d'un autrefois idéalisé.**

2. Les DEUX SENS du mot TRADITION.

Or cette polémique repose en partie sur une confusion entre deux sens différents de la notion de **tradition** :
- d'une part : ce qui a été **consacré par l'usage**, l'habitude ;
- d'autre part : **l'héritage culturel** qu'il faut préserver parce qu'il a une **valeur universelle**.

3. TRADITION et CONFORMISME.

On dira que dans les deux cas il s'agit de **conserver**, de préserver. Mais le traditionaliste en matière d'éducation n'est **pas** forcément **conformiste.** Il remet d'ailleurs souvent en cause des pratiques pédagogiques héritées du courant de l' « éducation nouvelle » et qui sont devenues aujourd'hui plus que des habitudes, parfois des rituels *(<u>exemple</u> : l'utilisation plus que systématique du travail en groupe).*

4. Le COURANT TRADITIONALISTE.

Comment y voir plus clair ? En cherchant d'abord à comprendre les **principes** du courant **traditionaliste.** Ce courant n'est pas conservateur par peur de l'avenir ou nostalgie du passé ; il veut **protéger** l'élève de toute forme d'influence (politique, religieuse, économique, etc.) et l'**émanciper** par l'usage de la **raison**.

Seule la raison, en effet, permet à chacun de **ne pas rester soumis** aux particularismes locaux, aux opinions dominantes, aux modes… Il ne s'agit pas, à l'école, de se **conformer** (à telle ou telle habitude) mais de se **former.** Et cela en accédant à l'**universel**.

Cela signifie que l'école, en s'adressant **à tous**, ne doit transmettre que des vérités et des valeurs acceptables **par tous**. Autre manière de dire qu'elle doit être **laïque** parce qu'**obligatoire**.

5. UN HERITAGE A PRESERVER.

Or ces vérités et ces valeurs se sont **inscrites** dans des découvertes ou des oeuvres scientifiques, littéraires, artistiques, etc., ayant une portée universelle.
C'est donc un **héritage** qu'il convient de préserver sous peine de devoir renoncer à la **culture**.

Voir "CULTURE".

Cet héritage n'est pas un passé mort qui devrait faire l'objet d'un culte mais une réalité vivante qui se renouvelle *(exemple : la lecture contemporaine du théâtre de MOLIERE).*
Loin de conduire au conformisme, aux habitudes de faire ou de penser, il représente une force de **contestation** et de **rénovation**.

6. PEDAGOGIE TRADITIONNELLE et CARICATURE.

Evitons par conséquent la caricature d'une pédagogie traditionnelle qui serait **nécessairement** marquée par :
- une discipline pointilleuse et sans appel ;
- la passivité des élèves ;
- l'ignorance de la psychologie de l'enfant ;
- l'obsession des notes et des classements.

Il est vrai que cette expression "pédagogie traditionnelle" a précisément été consacrée par l'usage - la fameuse "tradition"! - pour désigner une pédagogie routinière, où les élèves sont isolés face à l'autoritarisme du maître, et travaillent sans la joie de l'initiative.

Mais l'**ambition** du courant traditionaliste peut être poursuivie avec une pédagogie qui favorise la construction des savoirs par l'élève, et refuse par exemple les tâches trop répétitives dépourvues d'intérêt pour celui qui apprend.

7. PLAISIR ET EFFORT.

Rappeler qu'apprendre est **difficile** (et demande donc efforts et discipline) ne signifie pas qu'on veuille rendre le travail scolaire austère, sans aucune **joie**.
Là encore règne la confusion entre le plaisir lié à la facilité, à la passivité, et celui **associé à l'effort**. L'erreur serait de croire que l'élève n'aime que le plaisir facile, alors qu'il le méprise souvent.

8. Le maître comme MEDIATEUR.

Enfin si le maître doit être un **modèle** que l'élève ait envie d'imiter, c'est avant tout par la maîtrise de son savoir et l'intérêt qu'il porte à la culture. Ce maître est un **médiateur** entre ses élèves et les **vrais modèles** que sont les grandes oeuvres de l'humanité.

9. Les mérites de la pédagogie « traditionnelle ».

La pédagogie qui se fonde sur la nécessité de transmettre un **patrimoine** valable pour **tous**, a le mérite de rappeler :
- que le choix essentiel est celui de la **rationalité** (contre toutes les formes d'embrigadement et d'obscurantisme) ;
- le fait que l'autorité magistrale suppose une **hiérarchie** clairement assumée par celui qui a pour tâche, de manière inséparable, d'instruire et d'éduquer ;
- la profonde différence entre éducation **familiale** et éducation **scolaire.**

XXIX. PROBLEME

L'école offre aux élèves de nombreuses occasions de résoudre des problèmes, non pas seulement en mathématiques mais **dans toutes les disciplines.**
Un problème, en effet, ne se présente pas nécessairement sous la forme d'un **énoncé** donnant des **informations chiffrées** et posant une ou plusieurs questions. Un problème est, de manière générale, un **obstacle** qui exige un **effort de réflexion** pour être surmonté.

1. Problème et QUESTION.

Ne confondons pas problème et question.
Une question - orale ou écrite - n'est pas en elle-même un problème. Beaucoup de questions posées aux élèves sont des questions « fermées » qui demandent de **simplement** faire appel à la mémoire, à ce qui a déjà été appris *(exemple : qu'est-ce qu'un pronom personnel ? comment fait-on une addition avec retenue ?).*
Une seule bonne réponse est possible, et l'élève se demande d'abord si la réponse qu'il envisage est bien celle qui est **attendue** par l'enseignant.
Une question devient problème si :
- elle est « ouverte », permettant d'envisager plusieurs réponses, de **s'engager dans une recherche** *(exemple : comment peut-on devenir citoyen français ?) ;*
- elle oblige à réfléchir, à raisonner, à **faire des hypothèses**, etc. *(exemples : à quoi sert la racine d'une plante ? combien un cube a-t-il de faces ?).*

2. Problème et EXERCICE.

L'exercice se distingue du problème par son côté **systématique** et **fragmenté** *(exemple : transformer une série de phrases affirmatives en phrases interrogatives).*
Souvent **décrié** par le courant de la pédagogie nouvelle qui y voit une activité dénuée de sens pour l'apprenant - celui-ci se contentant d'**imiter** un modèle et de le **répéter** - il est pourtant nécessaire.

En effet, celui qui « fait ses gammes », selon la métaphore classique, dispose ensuite des **moyens** de s'exprimer de manière plus spontanée, parce qu'il peut **s'appuyer** sur des mécanismes qui ne demandent plus d'effort *(exemple : la résolution de problèmes appelant la multiplication sera d'autant plus facile que l'élève aura appris la table de PYTHAGORE de la multiplication, et aura effectué de nombreuses multiplications à l'occasion d'exercices variés).*

Du reste, l'exercice ne prend pas nécessairement la forme d'un simple conditionnement.

On peut distinguer des exercices ayant pour but :

- de **consolider** une capacité en voie d'acquisition ;
- d'**entretenir** une capacité déjà acquise ;
- d'**utiliser,** dans des **contextes différents,** une capacité acquise ;
- de **contrôler** que la capacité est bien acquise (utilisable dans telle ou telle situation) ;
- d'**installer** progressivement une capacité nouvelle.

□ **Exemple.**

Des élèves en fin de CP apprennent à additionner des nombres entiers à un ou deux chiffres : 26 + 7; 18 + 14 ; etc.

Les exercices ont pour but :

*- d'**appliquer** un savoir acquis (poser l'addition en mettant les dizaines à gauche et les unités à droite ; commencer par additionner les unités avant les dizaines) ;*

*- d'installer une **nouvelle** capacité (savoir additionner **avec retenue** de la dizaine).*

*Il importe que les élèves **aient compris pourquoi** il faut commencer par les unités. De même, il doivent comprendre **ce que signifie la retenue**. Les exercices ne dispensent donc pas de réfléchir. Il est vrai qu'ils peuvent aussi donner lieu à une application irréfléchie, lorsque les élèves se bornent à obéir aux injonctions du maître. Mais on peut faire la même remarque pour certains problèmes qui ne sont en fait que des exercices déguisés. Exemple : « Tu as 26 euros. On te donne 7 euros. Combien as-tu ? ». Où est la différence* *avec l'exercice ? Si de tels problèmes, posés en série,* ***ne sont que l'occasion*** *d'effectuer des additions avec retenue, la différence tient seulement dans le fait que l'élève peut mieux comprendre le sens de l'opération qu'il effectue.*

Distinguons par conséquent le véritable problème qui donne lieu à un **raisonnement** *(exemple :* ***quelle*** *opération faut-il effectuer ? en utilisant* ***quelles*** *informations ?)* et ce type de problème qu'il conviendrait d'appeler « problème-exercice ».

3. PROBLEME et SITUATION-PROBLEME.

Le problème, tel que nous venons de le définir en le distinguant de l'exercice, est parfois appelé situation-problème. Une distinction, pourtant, se justifie.
Une véritable situation-problème est une **situation concrète** présentant aux élèves un obstacle à surmonter, une énigme à résoudre.

□ **Exemple.**
Dans le cadre d'une correspondance scolaire, des élèves de CM2 reçoivent le texte suivant : « Nous sommes ***vingt****-sept élèves dans notre classe. Il y a dans notre école quatre-****vingts*** *élèves de CM répartis en trois classes. Etc.»*
La situation-problème est celle-ci : les correspondants ***ont-ils fait une faute*** *en écrivant le nombre vingt tantôt avec un « s », tantôt sans « s » ?*
Cette situation peut conduire les élèves à s'intéresser à l'écriture littérale des nombres à partir du cas particulier que représente l'écriture du nombre vingt. La règle orthographique générale, et la règle pour le cas particulier de « vingt » et « cent », seront ***découvertes*** *et non pas d'abord exposées par l'enseignant.*

On voit que la situation-problème devrait être une situation réelle, et non pas prendre simplement la forme d'un énoncé. Mais l'usage veut qu'on appelle situation-problème tout problème qui ouvre une séquence pédagogique en provoquant une **recherche**. Alors que le problème traditionnel conduit à seulement réinvestir ce qui a été appris **à la suite de la leçon**, la situation-problème amène les élèves à **construire de nouveaux outils** (notions, règles...) après une phase de tâtonnement. Confrontés à un obstacle, à une situation neuve pour laquelle ils n'ont pas de solution toute faite, ils feront des hypothèses, utiliseront **différentes stratégies** qu'ils pourront alors **confronter**.

□ **Exemple.**
Pierre a acheté 24 bonbons. Il les met dans une boîte qui contient déjà des bonbons. Il y a maintenant 48 bonbons dans la boîte. Combien y en avait-il avant cet achat ?

*Pour des élèves qui ont souvent été confrontés à des problèmes analogues, il ne s'agit pas d'une situation-problème. Il peut même s'agir d'un « problème-exercice », à l'occasion d'un contrôle. Mais c'est bien une situation-problème pour des élèves de CE1 qui n'ont jamais eu à surmonter ce type de difficulté. Une stratégie **retenue après confrontation** deviendra une **nouvelle procédure apprise :** l'emploi de la soustraction.*

Distinguons par conséquent :

- *une **première phase** où les élèves explorent différentes stratégies ;*
- *une **deuxième phase** où ils expliquent comment ils ont procédé ;*
- *une **troisième phase** où ils identifient le **nouveau** savoir ou savoir-faire (comme outil privilégié pour la résolution de ce type de problème). Ce qui suppose que le savoir **déjà acquis** leur est apparu comme **insuffisant** ou **peu économe de moyens et de temps.***

4. PROBLEMATISER les SAVOIRS.

On sait que les élèves apprennent mieux en construisant leurs savoirs en interaction avec le maître et leurs pairs, dans des situations de déséquilibre où les savoirs déjà acquis ne sont **pas directement applicables.**

Le rôle de l'enseignant est donc de **provoquer la réflexion** et la recherche, en faisant apparaître des contradictions, des lacunes, des paradoxes...

□ **Exemple.**
En éducation civique, l'enseignant n'explique ***pas d'abord*** *à ses élèves de CM ce que sont les droits de l'enfant, mais suscite une réflexion, des interrogations. (Que pourrait-on faire pour éviter que des enfants ne soient exploités, maltraités, etc.?). La notion de « droits de l'enfant », et la découverte du texte adopté par l'Assemblée des Nations-Unies en 1989, apparaissent alors comme un élément de* ***réponse*** *à un réel problème étudié à partir de documents.*

XXX. PROJET

1. DEFINITION.

1.1 Etymologie : du latin "*projectum*", ce qui est jeté en avant.
1.2 Sens courant : ce qu'on a l'**intention de faire**.

2. PROJET D'ECOLE et PEDAGOGIE DE PROJET.

Evitons de confondre **projet d'école** et **pédagogie de projet.**
- Depuis la loi d'Orientation de juillet 1989, **obligation** est faite à tout établissement d'élaborer un projet.
- La pédagogie de projet est au contraire une démarche d'apprentissage utilisée **librement** par le maître dans sa classe.

3. LE PROJET D'ECOLE.

Le **projet d'école** prend en compte ce qui fait la **spécificité** d'une école. Il révèle ses **atouts** et ses **besoins** pour fixer des **objectifs réalistes** en faisant des **choix.**
Il **coordonne** les interventions des partenaires de **l'équipe éducative**. Il exprime une **autonomie relative** de l'école (qui ne peut ignorer les objectifs nationaux).

□ **Exemple.** *Dans une école caractérisée par un fort retard scolaire, créer une B.C.D. autour de laquelle s'organise une nouvelle approche, à la fois plus fonctionnelle et plus culturelle, de l'écrit. Ceci dans le but d'améliorer les résultats en lecture et écriture.*

4. Le PROJET D'ACTION EDUCATIVE.

Le **projet d'action éducative** (P.A.E.) ne saurait être confondu avec le projet d'école. C'est une **action innovante** à **valeur culturelle**, aboutissant à une **réalisation concrète** (spectacle, exposition...), et permettant de motiver les élèves.

5. FINALITE du PROJET D'ECOLE.

Si un P.A.E. peut être un **élément constitutif** du projet d'école, ce dernier a essentiellement une finalité **pédagogique** (améliorer les apprentissages). L'essentiel, pour éviter les malentendus, est de ne pas confondre cette finalité avec les moyens utilisés pour y parvenir.

□ **Exemple.** *Dans une école ayant de bons résultats scolaires, et située dans une grande ville, associer les élèves à la vie culturelle et réaliser sur ce sujet un journal d'école (P.A.E). Ceci dans le but d'acquérir des compétences bien définies et évaluables (projet d'école).*

6. INTERETS de la PEDAGOGIE DE PROJET.

La **pédagogie de projet** favorise la **finalisation** des apprentissages. Il faut un but pour être motivé, et ce but est l'anticipation d'un résultat.
Cette **anticipation** permet à l'élève de s'engager dans une démarche qui n'est plus imposée mais **volontaire**.

□ **Exemple.**
*Si le projet dans une classe est de réaliser une petite exposition pour l'ensemble de l'école sur le thème de la protection de l'environnement, les élèves découvrent très vite, avec les différentes **tâches** à accomplir, toute une série de **difficultés**. Pour résoudre ces difficultés, ils vont **devoir apprendre**. Il faut donc bien distinguer ici deux plans :*
*- l'intérêt **pour les élèves** (agir **ensemble** ; être **inventif** ; **montrer** ce qu'on sait faire...) ;*
*- l'intérêt **pour l'enseignant** (amener les élèves à **apprendre** à l'occasion de ce projet et créer une **motivation** pour le travail et la discipline).*

7. ROLE de L'ENSEIGNANT.

Le rôle essentiel de l'enseignant est de faire en sorte :
- que le projet ne soit pas seulement le sien, mais bien **celui des élèves** ;

- que l'intérêt pour le projet s'étende aussi aux **moyens** de le réaliser ;
- que les élèves ne puissent réaliser leur projet **sans s'approprier** à cette occasion un ensemble de savoirs et de savoir-faire ;
- que l'effort et le travail conduisent bien au **résultat escompté** par les élèves [cf. MEIRIEU].

□ **Schéma récapitulatif.**
Au lieu de s'ignorer, les intérêts des élèves et de l'enseignant se rencontrent selon le schéma suivant :

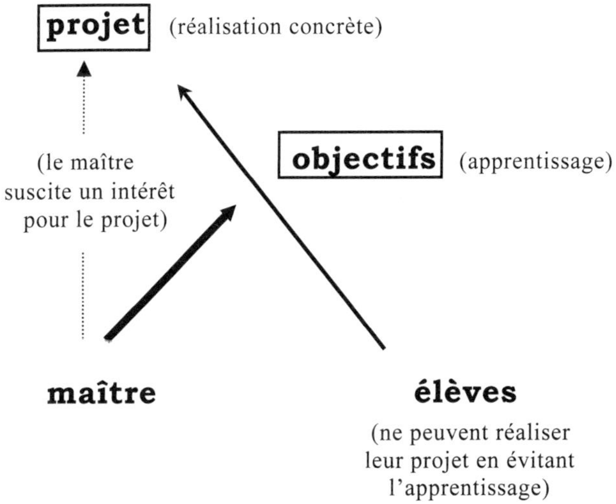

PROJET

Bibliographie.

ABERNOT Yvan	*Les méthodes d'évaluation scolaire.* BORDAS, 1988.
ALAIN	*Propos sur l'éducation.* PUF, 1932.
ANZIEU Martin	*La dynamique des groupes restreints.* PUF, 1968.
ASTOLFI Jean-Pierre	- *L'école pour apprendre.* ESF, 1993. - *Vers une pédagogie constructiviste.* SE FORMER +, 1995.
BACHELARD Gaston	*La formation de l'esprit scientifique.* VRIN, 1938.
BALLARIN Jean-Luc	*Enfants difficiles, structures spécialisées.* NATHAN, 1994.
BARTH Britt-Mari	- Pédagogie. RETZ, 1987. - *Le savoir en construction.* Pédagogie. RETZ, 1993. - *L'apprentissage de l'abstraction.*
BOUCHET Gérard	*Laïcité et enseignement.* A. COLIN, 1996.
BOURDIEU Pierre (et PASSERON J.Cl)	*Les héritiers* Ed. de MINUIT, 1964.
BRUNER J.S.	*Savoir faire, savoir dire* PUF, 1993.
CHARLOT Bernard	*La mystification pédagogique* PAYOT, 1976.
CORNU Laurence (et VERGNIOUX Alain)	*La didactique en questions.* Hachette Education, 1992.
DEVELAY Michel	*De l'apprentissage à l'enseignement.* ESF, 1992.
DEBARBIEUX Eric	*La violence dans la classe.* ESF, 1990.
DURAND-PRINBORGNE Claude	*L'égalité scolaire.* NATHAN, 1989.
DURKHEIM Emile	- *L'éducation morale.* PUF. - *Education et sociologie.* PUF.
FINKIELKRAUT Alain	*La défaite de la pensée.* GALLIMARD, 1987.
FREINET Célestin	*Les techniques Freinet de l'Ecole Moderne.* COLIN, 1964.
HOUSSAYE Jean	*Les valeurs à l'école.* PUF, 1992.
KANT Emmanuel	*Réflexions sur l'éducation.* VRIN.

KINTZLER Catherine — Condorcet (*L'instruction publique et la naissance du citoyen)*. FOLIO, *Essais*, 1984.

LEGRAND Louis. — *Enseigner la morale aujourd'hui*. PUF, 1992.

LE NY J- François — *Le conditionnement et l'apprentissage*. PUF, 1980.

MAGER Robert F. — *Comment définir des objectifs pédagogiques*. GAUTHIER-VILLARS, 1971.

MEIRIEU Philippe
- *Itinéraire des pédagogies de groupe*. Chronique sociale, 1987.
- *Apprendre ... oui, mais comment ?* ESF, 1987.
- *La pédagogie entre le dire et le faire*. ESF, 1995.

MIALARET Gaston — *Introduction à la pédagogie*. PUF, 1983 (6ème éd.).

MOUGNIOTTE Alain — *Eduquer à la démocratie*. CERF, 1994.

NOT Louis — *Le statut de l'élève dans les situations d'enseignement-apprentissage*. SE FORMER +, 1991.

PERRENOUD Philippe
- *Métier d'élève et sens du travail scolaire*. ESF, 1994.
- *Enseigner : agir dans l'urgence, décider dans l'incertitude*. ESF, 1996.

PIAGET Jean — *Six études de psychologie*. MEDIATIONS, 1964.

PROST Antoine — *Eloge des pédagogues*. POINTS ACTUELS, 1985.

REBOUL Olivier
- *L'endoctrinement*. PUF, L'EDUCATEUR, 1977.
- *Qu'est-ce qu'apprendre ?* PUF, 1983.
- *La philosophie de l'éducation*. PUF, 1989.
- *Les valeurs de l'éducation*. PUF, 1992.

REY Bernard — *Les compétences transversales en question*. ESF, 1996.

SNYDERS Georges
- *Où vont les pédagogies non directives* ? PUF, 1973.

SNYDERS Georges - *Pédagogie progressiste.* PUF, 1975.

DE VECCHI Gérard - *Aider les élèves à apprendre.* HACHETTE EDUCATION, 1992.
- *Faire construire des savoirs.* HACHETTE EDUCATION, 1996.

VIAU Rolland *La motivation en contexte scolaire.* DE BOECK UNIVERSITE, 1994.

VYGOTSKI Lev *Pensée et langage* LA DISPUTE, 1934.

Ouvrages collectifs :

- sous la direction de Jean HOUSSAYE :
La pédagogie : une encyclopédie pour aujourd'hui. ESF, 1993.

- C.R.E.S.A.S. :
- *L'échec scolaire n'est pas une fatalité.* ESF, 1981.
- *On n'apprend pas tout seul.* ESF, 1987.
- *Ecoles et quartiers.* INRP, 1989.

- Dictionnaire encyclopédique de l'éducation et de la formation. NATHAN, 1994.

□ Index

Les numéros en gras (ex. **8-13**) renvoient aux 30 notions principales.

A

B

C

D

Achevé d'imprimer
en septembre 2007
par L'IMPRIMERIE S.E.P.E.C.
à PERONNAS